ヴィジュアル版
海から見た世界史
海洋国家の地政学

シリル・P・クタンセ

日本語版監修＝樺山紘一　大塚宏子 訳

Atlas des empires maritimes

原書房

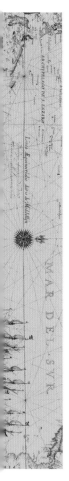

監修のことば

　このところ時代は、はなはだしくきな臭くなっている。おきまりの国際紛争ばかりか、大規模なテロが市民生活を脅かす。それにくわえて、これまであまり関心を引かなかった海上の騒動が、なぜか話題になる。いわゆる海賊の存在。

　瀬戸内海を舞台にした海賊、とりわけ村上水軍が戦国時代の前後に濃厚な姿を現したこと。歴史小説の絶好のテーマとして、話題をさらった。英雄とロマンにあふれた、胸のすくような雄姿に、旧套の武将ものに飽きた読者が拍手をおくるのだろうか。

　北東アフリカ海岸に出没し、紅海・スエズ運河を往来する資源輸送船を標的にするかのようなソマリア海賊。あるいは、すっかり過去の物語になったはずの、カリブ海騒動の主役である恐るべき「カリブの海賊」。もっともこれはアクション映画

監修のことば

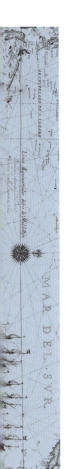

といったほうがいいかもしれないが。ともあれ海賊は、歴史のうえではささいな脇役のようにみえるが、じつは大きな歴史の盲点をついているかもしれない。そんな予感が現代人をつきうごかしているようだ。

　もしかりに、海賊はちいさな歴史挿話だとしても、海上を舞台として政治と経済にわたる確固たる勢力を築く国家や民族が実在したことは、否定のしようがない。大陸の大地に巨像を樹立しないまでも、かえってかぎりない空間と時間を占めた、海のうえの国家や帝国が実在したことも。

　その拠点は、大陸のごく一隅にしがみついていたとしても、海上にははるかに見通すかぎりの巨大な権力を樹立した。その実例は数かぎりない。ヨーロッパ史だけにしぼってみても、ポルトガルやオランダなどの小国、あるいは地中海の都市国家ヴェネツィアやジェノヴァ。みな本体の何十、何百倍の海洋を支配下においた。あまり知られていないが、デンマークという北欧の小国は、かつて北洋や南洋になみなみならぬ領土と航路とを確保していた。

　アジアに興味の薄い欧米人にとってであれば、極東で鎖国にふけっていた島国・日本が、倭寇や日本海海戦の名のもとに、恐るべき海上勢力となったことは驚きであろう。何億もの内陸民をやしなってきた中国の王朝が、ときたま鄭和の大艦隊を派遣して、アフリカ東岸までも遠征したこと。巨大な亜大陸のなかに逼塞してきたかにみえるインドが、じつはその名を冠した大洋に虎視眈々と狙いをつけてきたことも。

監修のことば

　これらの事実は、いまとなってはかなり常識に属するようになり、さらにその先に予想をこえた事実が発掘されそうだとなれば、わたしたちは歴史の見方を変更せざるをえないのではないか。いまやグローバリゼーションのもと、海洋には思いもかけない潮流と風波・うねりが襲来しようとしている。アメリカをはじめとする超大国は、地球上のすべての海上と海中とを視野におさめ、さらにはその上空にある宇宙にまで領分を拡大しようとする。

　否応なくわたしたちも、その世界史の理法に対応せざるをえない。日本ではほとんど初めて出版されるこの『ヴィジュアル版海から見た世界史──海洋国家の地政学』のパノラマを眺めながら、その理法に想いをはせたいものである。

2016年1月

樺山紘一

目次

監修のことば……………………………………………………………… 3
はじめに…………………………………………………………………… 9

海洋国家の時代——古代〜1492年

序文………………………………………………………………………… 17
クレタ島、帝国の母胎…………………………………………………… 23
フェニキアからカルタゴへ……………………………………………… 31
ギリシアの冒険譚………………………………………………………… 43
海上帝国たるべきローマ………………………………………………… 53
ビザンティン帝国、ローマへのノスタルジー………………………… 65
ヴァイキングの冒険……………………………………………………… 75
ジェノヴァとヴェネツィア、新大陸発見の準備地…………………… 87
イスラムの地、逃した機会……………………………………………… 109
インド、断固として大陸的……………………………………………… 123
おりあしき中国…………………………………………………………… 131
日本、襲撃とカミカゼのあいだ………………………………………… 141

植民地の時代──新大陸発見〜1945年

序文 ………………………………………………………………………… 151
ポルトガルの夢 …………………………………………………………… 155
夢想にふけるスペイン …………………………………………………… 169
オランダ連合州、あるいは資本製造所 ………………………………… 179
デンマーク同盟、あるいは氷の戴冠 …………………………………… 189
イギリス、海の女帝 ……………………………………………………… 195
とぎれとぎれのフランス ………………………………………………… 207
ドイツ帝国、深海獲得をめざして ……………………………………… 221
日本、陸と海のあいだ …………………………………………………… 231
ロシア、遅すぎた登場 …………………………………………………… 241

世界的な主役の時代──第2次世界大戦〜現代

超大国アメリカ …………………………………………………………… 255
中国、未来の海の女王か？ ……………………………………………… 265
インド、インド洋征服へ ………………………………………………… 275
まとめ ……………………………………………………………………… 283

謝辞／図版出典

はじめに

　「帝国」という言葉は、クレタ島やカルタゴ、ヴェネツィアが誇った勢力よりも、ファラオ時代のエジプトやアケメネス朝ペルシア、中国の明王朝を思い起こさせる。その理由はおそらく、人間と大地をまとめあげる強大な大陸支配力に魅力がある一方、海事についてはよく知られていないせいであろう。ヴェネツィアの際立ったソフトパワーは、しかしチンギス・ハーンのハードパワーにまさるともおとらない。
　なぜなら、海上帝国、すなわち海洋上をとりしまる力をもつ船団を有して主要な交易を支配する強国は、覇権を握ることができるからである。ヴェネツィアがオスマン帝国と渡りあえたのは、たしかにたえず新しいガレー船をもてるだけの財力があったおかげでもあるが、それよりもヨーロッパとオリエントの通商において避けてとおれない仲介役を果たしたからであった。こうしてその交易によってえられる

「太平洋の地図」、ヘッセル・ゲルリッツ、1622年。

はじめに

　資金に依存していたビザンティン帝国は、ヴェネツィア共和国の強い意志を前にして従わざるをえなかった。これと同じ力関係は、イギリス帝国とその敵であったナポレオン時代のフランスのあいだにもみられる。経済・通商の強国である海の女王イギリスは、同盟や協定を思うままに課すことができる十分な富を保持しており、自国に都合がよいと判断したところに介入した。イギリス海軍はフランスの植民地を奪い、スペインでも決定的な役割を果たした。スペインでは金や武器、弾薬をあたえてフランスの支配に対する反乱を助長したのち、ウェリントンが指揮する遠征隊を上陸させて、ナポレオン軍にとどめをさしたのである。

　このイギリスのエピソードは、戦略という面で海洋が果たす決定的な役割を浮き彫りにしている。多くの交易を支えてきた海は、古代から人間、王国、帝国の運命に重要な役割を果たしてきた。たとえばシチリア島や現チュニジア、エジプトから小麦を運ぶルートは、ローマ帝国の存続に不可欠なものであった。さらに、穀物の観点から海を支配することが重要であるとしたら、軍事面でも同様である。たとえばギリシアの都市国家がペルシア人に勝ったのはサラミスの海戦で勝利したからというよりも、その結果ペルシア側が必需品の補給ができなくなったためであり、そのためにクセルクセス1世軍は退却せざるをえなかったのである。海上での動きが重要であることは、ポエニ戦争でも確認できる。ハンニバルはたしかにアルプスを越えたが、カルタゴは制海権を失った結果、スキピオ軍が上陸したときにハンニバルに援軍を送ることができなかったのである。このふたつの異なる海戦術は、実際

普遍的なものである。第2次世界大戦のときにドイツはUボートを使ってイギリスを後方基地から孤立させようとしたが、それははるか遠いギリシア人に通じるものであり、シチリア、ノルマンディ、プロヴァンスに上陸した連合国軍はスキピオを思い起こさせる。

　こうした財政的、戦略的側面にくわえて海上帝国がもつもうひとつの力は、知的な面での支配をしうるということである。それはフェニキア文明の時代から確認される。フェニキア文字は地中海沿岸地方のあらゆる言語の文字となり、フェニキア語はその共通語(リングア・フランカ)となる。社会の姿や理念を再構築する能力があるということは、その社会の痕跡、つまりその勢力を刻みつけることができるということである。旅は、移動する旅──植民市から植民市へと航行する──であれ、移動しない旅──世界が自分のところにくる──であれ、確信を白紙に戻し、新たな研究領域の開拓へと向かわせるものである。だから古代ギリシアの海洋都市国家であるコリントスやもちろんアテナイが知的革命の土壌となったのは、偶然ではない。その革新性や学問に対する受容性は、剣と同じぐらい世界を征服する手段であった──これは最も新しい海上帝国であるアメリカが現在もっている影響力をみれば分かることである。

　しかし産業革命が大きな変化をもたらし、海上帝国を世界帝国に変えた。この政治的、経済的、社会的大変動の源は海洋の征服にあった。イギリスはこの変動を体験する場所となったが、それが可能となったのは工業生産を促進させる閉鎖市場が存在したおかげであり、布や鉄製品をアメリカの13の植民地になんなく売りさば

はじめに

くことができたからである。この点で西インド諸島が決定的な貢献をしたことについては、強調しておかねばならない。この島々は一方では比類ない生産高を上げる新しい作物——南米のじゃがいものように——を提供して大勢の新都市階級を養い、他方では人口過剰を緩和する受入れ地になったのである。ヨーロッパ諸国の海上勢力がこうしたアメリカ征服を実現できたのは、オスマン帝国と中国があきらめたときに外洋への冒険を試みることができたからである。しかも中国の撤退は歴史のなかでもとくに奇妙なめぐりあわせのひとつであった。中華帝国はヨーロッパよりも技術は進んでいたが、ポルトガルやスペインのカラベル船が世界征服にのりだしたのとちょうど同じときに、その船団を放りだしたのである。

とはいえ植民地支配の時代は長くは続かなかった。近年ソヴィエト体制が変容したことによって、現代は伝統的な海洋支配の形を受け入れる時代に戻り、ローマ時代と同じように財や商品の流通の自由を守ることが問題になっている。過去と同様現在も、強国の基盤となるのは大規模な軍事手段をもつことであるとともに、中継地を確保し、北極海航路（大西洋と太平洋を北極圏経由で結ぶ）のような新航路を含む戦略的ルートを支配することである。

過去の大帝国を概観することは、長いあいだの全体的な流れや、変化したこと・しなかったことを明らかにしようとすることであり、それによって現代の争点をよりたしかに解読しようとすることである。長い期間をみることで現代の関心事を相対化し、新たな視野を発見して、昔も今も世界的な大きな争点は海洋上にあるとい

う確信を強めることができるだろう。

海洋国家の時代──
古代〜1492年

「ネプチューンの勝利」、ローマ時代のモザイク、チュニジア、ラ・シュブバ、前2世紀末。

序文

　古代のはじまりから新大陸発見にいたるまでの長いあいだ、海洋国家は通商上の勢力を基盤として権力を築いてきた。長期にわたって交易を発展させることで政治的権力が強まり、命令権(インペリウム)が確立するというこのモデルは、都市国家やミクロ国家に勝利をもたらし、ヨーロッパ諸国による地球のほぼ全域の征服を予告するものとなる。その意味で地中海沿岸地方は海上帝国の実験場所とみなしうる。
　実際、「われらが海」(マーレ・ノストゥルム)（地中海）は、小麦から香辛料、鉱石にいたる主要な交易の独占化をめざすという支配の形を初めて生み出した。エーゲ文明時代のクレタ人は、最も利益の大きい交易を寡占的におこなって直接発展させた先駆者で、こうした活動はフェニキア人やジェノヴァ人、ヴェネツィア人によって受け継がれる。重要なのは隊商(キャラバン)の到達地を確保することと、航海に不可欠な多くの中継地や錨地をもつこ

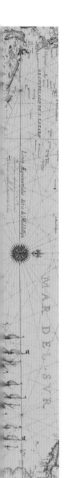

とであった。流れや風に左右される航海には、船が停泊できる島や植民市をもつことが必要である。たとえば南西の風がなければ、黒海の流れに逆らってボスポラス海峡を越えることはできないが、ヴェネツィアはダーダネルス海峡入口にある小さなテネドス島を占有していたため、船を安全に停泊させて風の神アイオロスの気まぐれを待つことができた。食料や飲料水の供給についても同様で、たとえばガレー船は3週間の航海で8000リットルの水を必要としたため、長い通商航路上に点々とつらなる島や植民市を所有していることが必要であった。

　通商路を直接開拓するという方法にくわえて、巨大な対外取引所(エンポリウム)を中心とするもうひとつの支配の形が築かれた。儲けの多い商品をすべて吸いとる大取引所は、周辺諸国の商品と貴重な通貨を引きよせる手段だからである。アテナイ人が考えたこの方法はその後ローマでもビザンティン帝国でも見られるが、その三者いずれもが財力を海軍設立のために重点的にあてて、海上支配を守ろうとした。なぜなら海洋上を行き来する財産は、どこにあってもヴァイキングのように本物の海賊に変わりうる略奪者たちを引きつけるからである。こうした人間は混乱期や権力の空白期間を利用することにたけており、広大な領域から金品をまきあげていた。

　帝国の没落や衰退の原因は、直接的なものも間接的なものも、技術的なものも政治的なものもふくめて、数多く存在する。なかでも当然ながら航海技術の革新は無視できないものである。ギリシア人はこれにすぐれており、紀元前700年頃にコリントスの造船技師アメイノクレスが作った3段櫂船は、ギリシアの都市国家が勢力

をもつにいたる土台になった。これは平甲板で舳先と船尾に台がついている船で、ジャンク船がシナ海やインド洋でそうであったように、その後何百年も古代の船の基本モデルになった。その後の発展はふたつの海軍戦略を原動力としてなされた。ひとつは離れたところにいる敵を倒すことで、これはギリシアの船に設置された飛び道具——石や槍を打ちだすカタパルトやバリスタ、火玉——によって証明される。ビザンティン帝国のギリシア火やはるかに後の時代の大砲もそうである。もうひとつは接舷方式で、敵船に着けて乗りこみ、体と体で戦うというものである。ローマ人はこれが得意で、バリスタで敵船に鉄鉤を発射する方法とともにおこなった。こうした技術的変化は、戦闘船でも商船でもみられた。3本の巨大なマストで1000トンの商品をなんなく運ぶジェノヴァやヴェネツィアのカラク船（14〜15世紀）は現代のコンテナ船の祖先のようなもので、実際物資輸送に革命を起こした。この船で大きな港湾都市間を結び、その後もっと小さな船で中小都市に品物を送るという方法で、利益を最大化することができたのである。

　交易ルートの変化は権力の盛衰にも影響をあたえた。たとえばカルタゴは長い隊商通商路（キャラバン）の終着点である地中海東部のフェニキア諸都市の輸送網を基盤にしていたが、アレクサンドリアの町が建設され、しだいに香辛料取引を奪われていったことで痛手を受けた。その何世紀か後、チンギス・ハーンによる征服後平和を享受していたモンゴルは、古代のシルクロードをふたたび活気づけ、アレクサンドリアに不利益をあたえるような形に通商路を変えて黒海へと向かった。しかしその後ア

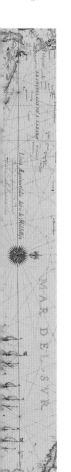

レクサンドリアは、ハーンの後継者争いの際に報復することになるのである。

　帝国の生死や失敗にとって決定的なのは、起こったこと自体よりも海上での出来事を活用する政治的能力のほうである。東アフリカ海岸だけでなく、インドやマレー諸島、中国までを早い時期（7世紀以後）から探検したアラブの船乗りは、主要都市に有力なイスラム商人の共同体を築くことはできても、ポルトガルの海上帝国を予示するようなその通商上の勢力を権力に変えることは決してできなかった。その理由は、継承戦争やその他の戦いにまみれて海への野心を継続的に維持できなかった不安定な政治体制だけにあるのではなく、統治すべき土地の広大さから生じる大陸志向にもあった。たとえばオスマン帝国のトルコ人艦隊は、インド洋に向かう扉である紅海の出口から別の世界がみえているときでさえ、地中海東部に閉じこもったままだったのである。

　陸上大帝国もまた海を支配する利点を理解していたため、その大陸志向にはときとして強弱があった。中国の例をみよう。現在では想像しづらいが、中国は漢時代（前2～後2世紀）には東南アジア全域に及ぶ活発な海上取引を行い、唐時代にはペルシア湾や紅海との通商関係が最盛期を迎えた。この活力は宋の時代にさらに増し、中国は商業的にも軍事的にも真の海上勢力になった。元の時代（13～14世紀）には、世界征服の夢を実現するには海の制覇も必要であることが認識され、これまでにえた技術的な知識が強化された。しかし次の明朝は後退の時代となった。国内市場はたしかに飛躍的に発展したが、それだけでは明が外国との関係を制限しよう

とした理由を説明するには十分ではない。この点で鄭和の海外大遠征は、海への野心を押し進めようという現実的な意志としてよりも付帯現象のようなものとして現れ、その野望はその後忘れ去られた…。こうしてヨーロッパ人に道が開け、その船は中国が退却したまさにその時期にインド洋に進出する。

　こうして状況は決定した。

海洋国家の時代──古代から1492年

「イルカのフレスコ画」クレタ島、クノッソス宮殿、前1500年頃。

クレタ島、帝国の母胎

　大陸という観点から見ると、サミュエル・ノア・クレイマーの表現によれば「歴史はシュメールに始まる」が、海洋という観点からみると、すべてはクレタ島から始まったといえるだろう。もちろん航海術はまだ生み出されておらず、ましてや長期の遠征などできなかったが、商売と権力とが合わさった海上戦略は、クレタ島で初めて確立する。

海洋国家の時代──古代から 1492 年

クレタ島、準備地

　もちろんほのかな輪郭でありスケールも小さいが、紀元前2000年以降エーゲ文明の中心地であったクレタ島は、のちの海洋国家にみられる基本的な特徴をすべてそなえていた。資源全体を集める施設を保有して通商を独占し維持することと、権力を増大させる役割を果たす海上の命令権(インペリウム)をもつことである。過酷な環境である海は事実として知識と技量を必要とし、それを有する者は自分で価格を決め流通経路を定めることができることから、独占的な立場におかれる。神話の金ぴかな衣装を脱いだ伝説的なミノス王の顔には、こうした側面がかいまみられる。7人の少年と7人の少女というミノタウロスへの貢物は、そのような最強者の権力を思い起こさせる。さらに海での公共秩序を確保する必要、すなわち海賊行為を消滅させることが、海洋国家の最後の特徴である。「伝説によれば、最古の海軍を組織したのはミノスである。(…) もちろんかれは、勢力の及ぶかぎりの海域から海賊を追い払い、収益の道を拡大することに努力した」(『戦史』［久保正彰訳、中央公論新社］) と、古代ギリシアの歴史家トゥキュディデスは著書『ペロポネソス戦争の歴史』で指摘している。この点で先駆者であったミノス王のあとには、ポンペイウスからロバート・メイナードにいたる人々が続き、商船のために海の自由を確保し続けた。

　トゥキュディデスの著書は、アトランティスと同じように長いあいだ神話とみなされてきた文明の存在を伝える唯一の証拠であった。しかし子どものころに聞いた

クレタ島、帝国の母胎

おとぎ話に実体をあたえたいと望んだ何人かの「夢想家」は、その熱意によって画期的なことをなしとげた。トロイアを発見したシュリーマンはこうしてアーサー・エヴァンズ卿に道を示し、エヴァンズ卿は1900年から1906年にクレタ島のクノッソス宮殿を発見したのである。これによって、紀元前18世紀から15世紀に頂点に達した文明に対する深い研究が幕を開けた。

国際取引のハブ

「船のフレスコ画」、サントリーニ島、アクロティリ、青銅器時代後期。

　エジプト人は長いあいだクレタ人を「海の真ん中の民」と呼んでいた。これはクレタ島が地理的に中央に位置していることを強調する意味深い呼称である。島であるという特徴は、この混乱した時代にあって明らかな利点であった。というのも、一方で何回かの侵略から身を守ることができ、他方ではそれなりの航海術の発展が必要とされたからである。沿岸を進むことからはじまって目に見える土地へ向かって初めて航海をするまでの訓練はたしかに長く困難であったものの、ついには沖合

海洋国家の時代——古代から1492年

「3女神のフレスコ画」、部分、クレタ島、クノッソス宮殿、前1500年頃。

に乗り出し、近東やエジプト、さらにシチリア島にまで到達できる能力が獲得されていった。

　クレタ人がすぐれていたのは、地中海東部のさまざまな民族間の取引で、避けて通れない仲介役を自任したことである。中央にあるという位置を利用してクレタ島は一種のハブとなり、アフガニスタンのラピスラズリ、クシュ王国（スーダン）の金、象牙、黒檀、エジプトのアラバスターやダチョウの卵などを集散した。さらには黒海からボスポラス海峡を通って地中海に運ばれる、オリエント地方の金属、小麦、琥珀色の真珠も扱った。

クレタ島、帝国の母胎

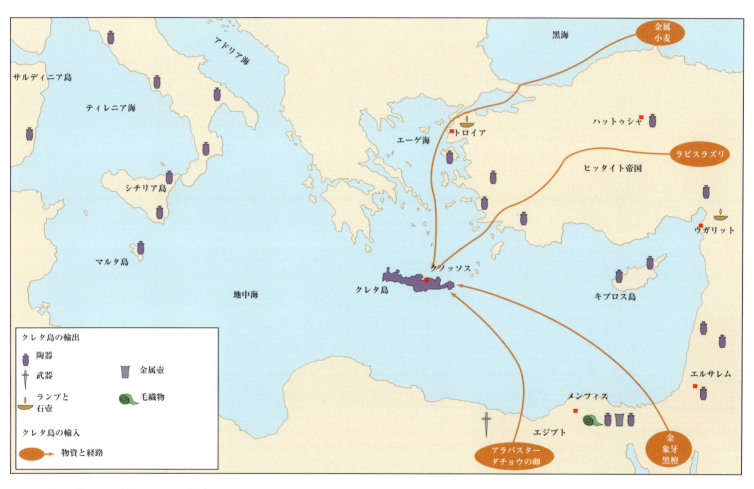

クレタ島の通商ルート（前18〜15世紀）

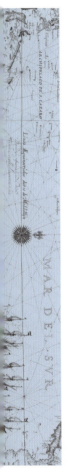

大規模輸出政策

　クレタ島では肥沃な土壌のおかげでワインやオリーブオイル、香油、サフランの生産が発展し、そのいずれもが交易の対象となった。それは紀元前15世紀の何人かのエジプト高官の墓の中に、「クレタ島からの贈呈品」という意味のことが記されていることからも分かることである。しだいに繁栄していくことで陶器や冶金という手工業が花開き、その製品は東地中海全体に送られた。考古学研究により陶器の破片が中近東全域で発見され、クレタ島の商業圏がしだいに広がっていたことが明らかになっている。その範囲はキプロスからスーダン、エジプト、さらにシチリア島、エトルリア、マルタ島、サルディニア島に及び、こうした地では多くの場合外地からの唯一の輸入品になっていた。

　クレタ島は第1宮殿時代（前2100～1650）にはエジプトや中近東と関係を結び、第2宮殿時代（前1650～1450）にはその勢力を東地中海全域と大陸ギリシア南部まで広げた。第3宮殿時代（前1450～1200）になると、競合するミュケナイ人の勢力が増し、クレタ人は最も利益の大きいもの、すなわちエジプトやクシュ王国の金のほか、とくにキプロス島の銅の取引に専念せざるをえなくなった。クレタ島はそれぞれ宮殿を有する数多くの都市国家に分割されていたが、しだいにクノッソスの下に統一されて拡大した。キクラデス諸島はその鎖の最初の輪であり、テラ島（サントリーニ島）は今なおその輝かしい証拠である。

クレタ島、帝国の母胎

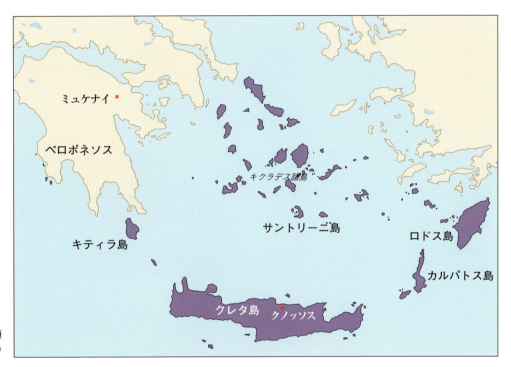

クレタ人の入植
(前15〜前13世紀)

　この植民地化の動きに伴って、それまでクレタ島の資源だけでは不足していた輸出用のオイルやワイン、陶器の生産がペロポネソスで行われるなど、分散していった。こうして技術が早々と移転したことでミュケナイ勢力の台頭が進み、対決が避けられないものになったが、この対決はエーゲ文明側には不利となった。ペロポネ

29

海洋国家の時代——古代から1492年

ソスの都市ミュケナイは一時クノッソスの跡を継いでその商業網を奪ったが、その後「海の民」に打ち負かされた。この海の民は、身元はいまだ確定していないが、紀元前1200年頃に東地中海とアナトリアになだれ込んできて、ミュケナイ文明とヒッタイト帝国を滅ぼした。

フェニキアのブロンズ製鉢、前900〜700年イラク、ニムルド。

フェニキアからカルタゴへ

　「海の民」の大勝利で競争相手がいなくなったフェニキア文明は自由な活動ができるようになり、隊商(キャラバン)と海上交通による通商で財を築いた。22文字のアルファベットと地中海沿岸全域に普及する言語を有するフェニキアの諸都市は、輝く未来が約束されていた植民市経済を基礎に置いた。その後継者であるカルタゴは、資源に富んだ内陸地域を背景に帝国的な形を生み出し、数世紀にわたってそれを維持する。

商売の王者、フェニキア人

　陸上取引と海上取引との接点となる港湾都市のモデルは、フェニキア人によってはじまった。その先駆けであったビブロス（現レバノン沿岸）は、後背地に杉、ヒノキ、松が豊富にあるおかげで、エジプトの特権的なパートナーになった。それらの木々はどれもピラミッドを作るのに欠かせないものだが、現地には大建造物を築くには適さないヤシしかなかったからである。フェニキアはメソポタミアとの交易も盛んで、オリエントの刺繍入りの服や絨毯が主にマリへ運ばれた。ビブロスが「海の民」によって地図上から消されると、シドン（前2150）が跡を継いで同様の道を進んだが、そのはるか後のティルス（前1200）は、まったく異なるモデルの上に築かれた。

　ティルスの住民の才能は、たんなる貝を利益を生むものにしたことにあった。アクキガイという貝はすりつぶすと緋色の染料になり、けたはずれの財産を生んだのである。この「赤い金」のほかにも、杉に象牙を貼った家庭用品から、繊細な彫金細工を施したブロンズや銀のカップ、さらにはラピスラズリを基調にした宝石類、小瓶、ガラス粉で作った香油入れなど、職人の手によるさまざまな製品が市場にあふれた。事実として紀元前8世紀初頭のティルスの商業圏は、東地中海全域やエジプト、アナトリアに及び、その手工芸品はバビロニアでも需要があった。ティルスはその代わりに、ビャクダン材、宝石、象牙、金、銀などオフィル（アラビア南

部）の産出物、キプロス島の銅、アナトリアのスズ、エジプトの亜麻を手に入れた。紅海からは、貝を化粧箱に細工したものや、シバ王国の貴重な香が運ばれた。この香の香りは、エジプトの神殿で行う儀式に欠かせないものであった。

航海術に長けた人々

　しかしフェニキア人を交易だけに閉じ込めてしまうのは単純すぎるだろう。彼らはなによりもまず海の人間であった。フェニキア人は3段櫂船の生みの親であり、紀元前7世紀から4世紀の地中海の女王であり、船上で星空のこぐま座を見て方角を知ったパイオニアであった。こぐま座は古代には「フェニキア人の星」の名で知られていた。

　フェニキア諸都市の財産の一部は、こうした技能を活用して船主の仕事を掌握することによって獲得したものであった。フェニキア人はエジプトとの交易を確保しながら、戦士の遠征や発見のためにも船団を使った。たとえば紅海をへてアフリカを迂回したことについては、ヘロドトスがこう記している。「リビア［アフリカ］は、われわれも知っているように、完全に海に囲まれている。（…）われわれの知るかぎり、それを最初に証明したのはエジプトのネコス王である。王はナイル川からアラビア湾までの水路掘削を終えると、フェニキア人を乗せた船団を出発させ、ヘラクレスの柱［ジブラルタル海峡］と北の海を通ってエジプトに戻るよう命じておい

海洋国家の時代——古代から1492年

た。エリトリアの海から出発したフェニキア人は、南の海を航海した。彼らは秋にはリビアの海岸に上陸し、船がたどり着いた場所に種子をまいて収穫を待った。3年後、彼らはヘラクレスの柱をまわってエジプトに戻った。彼らが報告した事柄をほかの人は信じたとしても、わたしは信じがたいと思う。彼らはリビアまわったときに、太陽がいつも右側にあったと報告したのだ」。聖書の「列王記上」には、ソロモン王がオフィルをめざして紅海に船を出す際に、ティルス王ヒラムから航海の知識をえたというエピソードが書かれている。

アッシリアの戦闘船。おそらくフェニキア人が建造したと思われる。ニネヴェ、前700年頃。

初の植民市経済

　船団は交易網をつなぐためにも活用された。交易の基盤となるのは、メンフィス、ナウクラティス、コリントスのような入植者が住む植民市で、そこが取引と物資調達の拠点となった。こうした拠点が発展する端緒となったのは銅の島キプロスで、そこでは紀元前10世紀以降キティオンの町が建設された。さらに第2波として、クレタ島、エウボイア島、ドデカネス諸島があり、一方アテナイ、デロス島、テッサリアには商人たちの共同体が築かれた。

　手工芸品の需要が増していくとフェニキア人はブロンズの製造に不可欠なスズを求めて、地中海を西へと進むルートをたどった。これにより、マルタ島、シチリア島、サルディニア島、バレアレス諸島、北アフリカと、拠点が点々と並ぶことになった。この西地中海への進出によって、フェニキア人は鉱物調達ルートの大部分を手中におさめた。そこで得たのは、アフリカの金やイベリアの鉛、銀、銅、北欧の琥珀、コルヌアーユ［ブルターニュ半島］やヴァンヌの貴重なスズである。

　しかし、アッシリア帝国、ついでバビロニア帝国の勢力が拡大し、フェニキア人の都市は衰退をはじめた。その後アケメネス朝ペルシア（前6〜4世紀）の保護のおかげでしばし持ち直すものの、結局はアレクサンドロス大王の支配下に置かれた。こうした近東の混乱に乗じて、紀元前6世紀からカルタゴは地中海西岸全体の植民市化に手をつけていく。

海洋国家の時代──古代から1492年

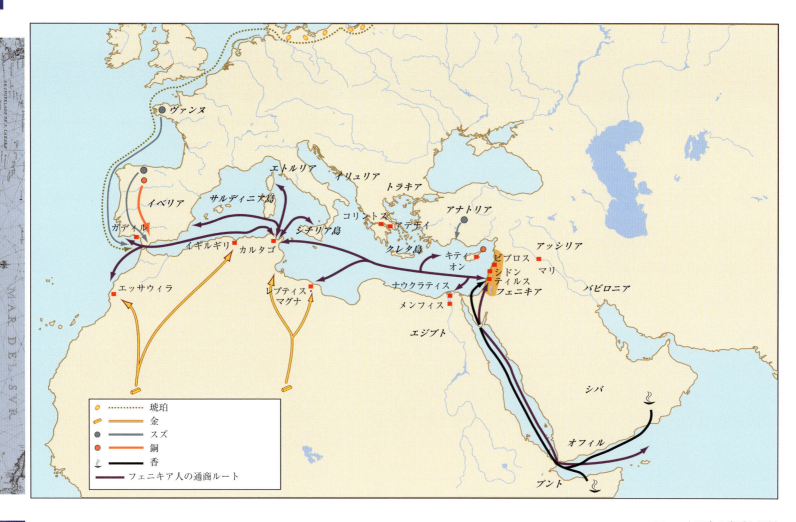

フェニキア人の貴重な原料の通商ルート

カルタゴの生と死

神話ではカルタゴを築いたのはティルス王ピグマリオンの姉妹ディドだとされるが、実際はもっと平凡な話である。ティルスは金属輸送ルートの帰途に寄港地が必要であったため、カルタゴを選んだのである。カルタゴはその独自の立場を利用して地中海西岸の植民市すべてを奪い、シチリア島の小麦からイベリア半島の金属、アジアの宝石、アラビアやエジプトの香料や香油、ヌビアの奴隷まで、地中海の大輸送貨物をほぼ独占した。

しかし新たな競争が起こった。ギリシア諸都市が手工芸品を作るために金属を必要とするため、先にフェニキア人が描いていた航路を進んで、西地中海北岸の空いている場所を占めていったからである。対決は避けられず、紀元前5世紀にヒメラの戦いが起こった。しかしカルタゴはこれに敗北してシチリア島を失い、中央ヨーロッパのスズと琥珀はギリシアが手中に収めた。

そしてカルタゴの第2の人生が始まった。航海家で冒険家のヒミルコンは紀元前550年頃、ガリアの金、スズ、琥珀の取引を占有するために、ウェサン島へ派遣された。金の通商路を変えるという同じ目的で、ハンノは紀元前500年頃にギニア湾へのルートを開いた。

フェニキアの宝石、S・ラパポート『エジプトの歴史』の図版、1904年。

海洋国家の時代──古代から1492年

カルタゴの通商ルート
（前6世紀）

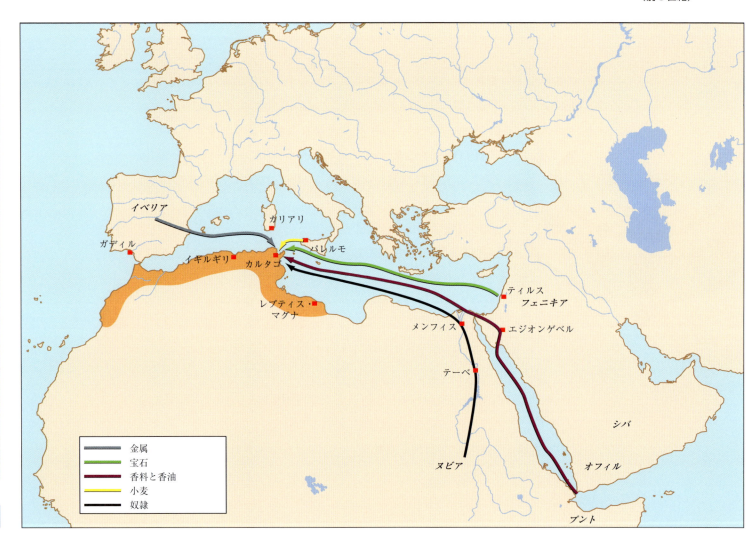

フェニキアからカルタゴへ

ハンノとヒミルコンの航路、
紀元前6世紀。

　この初めての海への冒険の陰で忘れてはならないのが、本当の意味での後背地(ヒンターランド)が築かれたことである。カルタゴを西地中海随一の農業生産勢力にしたのは、この後背地だからである。失われたシチリア島の小麦を補う手段だったこの政策のおかげで、カルタゴはワインからオリーブオイル、イチジク、アーモンドという新たな生産物を輸出できるまでになった。

　しかし地中海に、これまでよりはるかにおそるべき新たな役者が登場した。栄光に導かれた、つまりはるかに妥協のない、カルタゴの優位性を脅かす相手、ローマである。第1次ポエニ戦争（前264〜241）ではローマは強い闘志をみせて、たしかに力ではまさるものの、敵を倒そうという意思よりも儲けを気にするカルタゴをついには打ち負かした。

　第2次ポエニ戦争（前218〜202）は、カルタゴがもはや海の覇者でないことを明らかにした。ハンニバルはアルプスを越えてイタリアで援軍と物資を待たねばならなかったが、スキピオのほうはスペイン、ついでアフリカに上陸して、ザマで決着をつけることができたのである。そして第3次ポエニ戦争（前149〜146）は形ばかりで、力の差は歴然であった。

海洋国家の時代──古代から1492年

紀元前2世紀までのカルタゴの勢力範囲

フェニキアからカルタゴへ

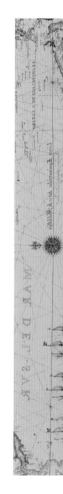

海洋国家の時代——古代から1492年

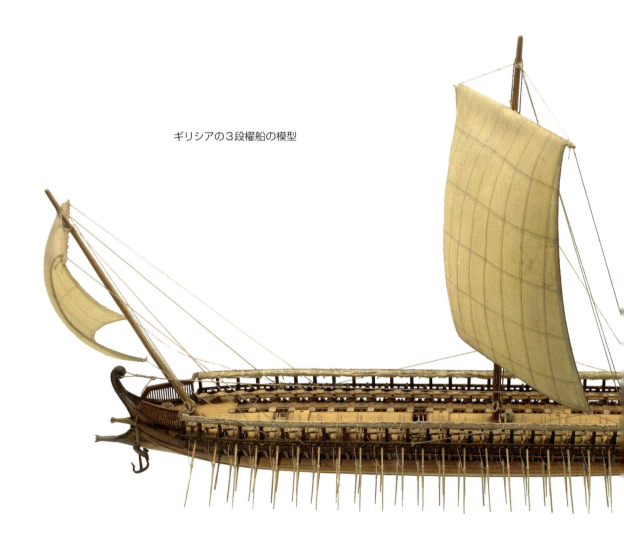

ギリシアの3段櫂船の模型

ギリシアの冒険譚

　ギリシア世界は典型的な海洋世界であるが、真の海上帝国を築くことは決してできなかった。アテナイをはじめとするギリシアの都市国家は植民市や交易の拠点を築き、なかにはまさに命令権(インペリウム)を行使しようとした都市もあったが、永続することはできなかった。その理由はいくつもの都市国家に分割されていたこととともに、おそらくこうした政治構造の基盤となるのに適した後背地がないことにあった。プトレマイオス朝だけはアレクサンドリアという町のおかげで第一級の役割を果たす可能性もあったが、大陸の問題に気をとられて海上での前途をなおざりにしてしまう。

海洋国家の時代──古代から1492年

古代ギリシアの発展

　エーゲ文明やそれ以上にミュケナイ文明が深く根づいていたギリシアは、「海の民」の侵攻にたえ、なかでも中近東の通商ルートが通じていたイオニア地方の諸都市国家がまず最初に蘇った。とくにミレトスは、その発展で抜きんでた地位を獲得した。紀元前9世紀から小アジアにおけるギリシアの都市同盟を基盤としたミレトスは、黒海を支配し、トレビゾンド経由でカフカスの鉄を、ドン川河口のタナイス経由でスキティアの小麦や干魚を手に入れた。権力を握るか失うかがこの小麦ルートを支配するか否かにかかるという意味で、この航路はエーゲ海の地政学全体を形づくるものであった。

　ミレトスは銅や鉄、金、銀、樹脂、小麦やワインの地方市場を支配し、この独占取引から得た利益を元手にトラキアを植民地化した。そしてコリントス地峡経由の輸送を初めて実現して、紀元前6世紀にアドリア海に達した──ここはスズや銀、とりわけ琥珀の陸上輸送ルートの出口である。各都市は当然ながら西方への拡張を続け、通商に必要な植民市を築いていった。フォカイアはマッサリア（マルセイユ、前600）やニース、アンティーブ、アグドを築き、一方コリントスはシュラクサイ（前734）、メガラ、セリヌスを築いた。ヨーロッパ側のギリシアは手工芸品に力を入れ、その活動に欠かせない貴重なスズ等の金属を探すとともに、黒海だけに依存しないためにシチリアの小麦も求めはじめた。

ギリシアの冒険譚

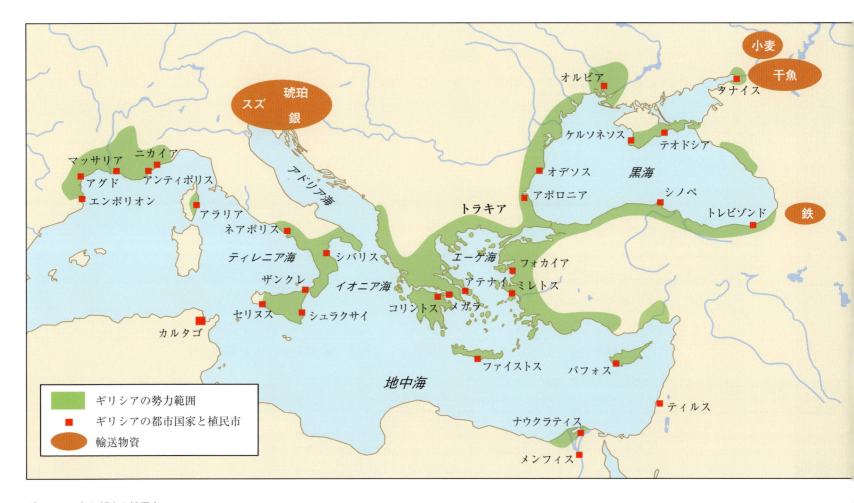

ギリシアの主な都市と植民市

　というのも、ペルシアという新たな勢力が黒海を脅かしてきたからである。ペルシアはイオニア諸都市国家への支配を強めていき、一方それと同盟するフェニキアが地中海の大部分の市場でギリシアと対立した。この対立の震源地となったのはシチリアであった。

ペルシア、あるいは陸に対する海の勝利

　ペルシア戦争は戦略的な観点からみて重要な戦いである。これは海を支配すること——そして技術革新を実現すること——で、大陸帝国と海上勢力の戦いにおいて優位に立てることを、初めて明らかにした戦いだからである。前700年頃にコリントスのアメイノクレスが考案した有名な3段櫂船のおかげで、アテナイとコリントスの船団はこの戦いでずっと戦略上優位な立場に立つことができた。この船は甲板がひと続きで、船員と兵士は舳先と船尾に作られた台上に配置される。船員は1枚だけの帆を、兵士は飛び道具を操作する。そして衝角で敵船を突き破る形の海戦をするわけだが、この力強い船を決定的に扱いやすくしたのは漕手たちであった。彼らは自由民で、その技を現代の最先端技術者と同じように評価され、高額で雇われた。

　戦いの幕開けを告げた地はマラトンである。ペルシアのクセルクセス1世とその同盟国カルタゴが、ヘラス都市同盟を率いるアテナイの戦略家テミストクレスの軍

と対決した。陸の勝者ペルシアは、海上での無能さがゆえに交渉せざるをえなくなった。ペルシア人はダーダネルス海峡を越えてテルモピュライ峠に突入したが、すでに長くなり過ぎていた補給線が、サラミスの戦い（前480）でギリシア海軍が勝利したことによって断たれたからである。とはいえ大規模な部隊がまだマケドニアからコリントスに至る陸地を占めており、ペルシアの残軍がプラタイアイとミカレで打ち負かされるのは紀元前479年になってからである。ペルシア戦争はこれで終結するわけではないが、海上を支配していたことでギリシアは、もっと正確にはアテナイは、好きなときに好きな場所で相手を襲うことができるという明らかな利点を有していた。紀元前460年にエジプトのイナロスがペルシアの支配に対して反乱を起こしたときにも、ギリシアは3段櫂船による援軍を送り、ナイル川をさかのぼってメンフィスを攻囲することができた。

　もうひとつギリシアにとってよかったのは、ペルシアの補給線がひどく長く延びていたことである。

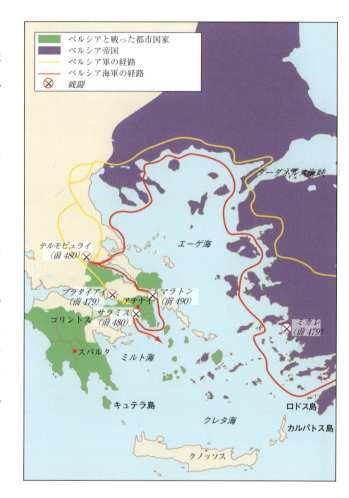

ペルシア戦争
（前490～479）

ペルシア軍は1本の陸路だけで補給を受けていたため、トラキアから撤退せざるをえなかった。そして前448年に講和条約が調印され、イオニア地方の諸都市国家はペルシアの支配から解放された。ペルシアは今後海軍をエーゲ海に派遣しないこと、陸軍はエーゲ海沿岸に1日行程距離以上は近づかないことを約束した。この大陸に対する海の圧倒的勝利は、政治家ペリクレスによるアテナイ黄金時代の到来を準備するものとなる。

ペリクレスの時代

　女神アテナの都市アテナイの勢力の基盤は、ラウレイオンに銀の鉱脈を発見したことにあった。これによってアテナイは1年を通して艦隊をもち、これまで秋から春には暇を出していた士官や漕手がつねに使えるようになったのである。この初の常設海軍は、デロス同盟の結成によってさらに規模を増した。一種の「相互扶助」であるこの同盟のもとに、ペルシアの領土拡張政策を不安視していたイオニア地方の多くの都市国家（デロス同盟の財産が置かれたデロスのほか、サモス、キオス、レスボス）が結束した。加盟都市はそれぞれ船か金銭を出さねばならなかったが、大部分の都市は通貨を出すほうを選んだため、アテナイはすぐに富を貯えることになった。ペルシアに勝ったことで新たに多くの都市国家がデロス同盟に加盟したが、この同盟はしだいにその真の姿をかくしづらくなっていった。すなわち、絶対的権

ギリシアの冒険譚

力をもつアテナイの傀儡であるということだ。銀鉱脈に富むタソスが反乱を起こすもアテナイに負かされたことが、それを物語っている。

デロス同盟とスパルタが盟主のペロポネソス同盟が戦った第１次ペロポネソス戦争（前460〜446）が終わると、アテナイは陸においても海においてもギリシアの最高権力の座を獲得した。アテナイはそれを利用してデロス同盟の財産をみずからの領地内に移して「ペリクレスの世紀」の財源とし、とくにパルテノン神殿を建設した。とはいえこのアテナイ帝国に食糧調達に適した後背地がないことに変わりはなく、アテナイはこれに苦しんだ。油、ドライフルーツ、羊毛を生産し輸出するとともに、キオス島やタソス島、アッティカのブドウ苗から作ったワインも扱い、同時に陶器やブロンズの手工芸品も製造し輸出したが、生活必需品全般は輸入していたのである。

デロス同盟、第２次ペロポネソス戦争前のアテナイ帝国

海洋国家の時代──古代から1492年

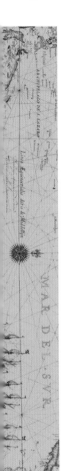

　アテナイでは年に10万トンの小麦が必要で、800隻の船で主に黒海のみならずエジプトやシチリア島からも運んでいた。穀物市場はしかも厳しく管理された。というのも穀物輸送船はアテナイのペイライエウス（ピレウス）港に入ると、積み荷の3分の2をそこで降ろすことを強制され、再輸出できるのは残りの3分の1だけだったのである。アテナイではこれにくわえて、トラキアやマケドニアで入手する麻や鉄、造船材、木材、ピッチ、魚の塩漬けも扱った。しかし輸入する資源がそれほどあるということが、アテナイの衰退の原因にもなった。スパルタのリュサンドロス将軍はアテナイ艦隊を打ち破ると同時に、黒海の小麦輸送船団を奪うことにも成功した。第2次ペロポネソス戦争（前431〜404）はこれで勝負がついた。

　アテナイはしかしペイライエウスを中心にした商業活動を一貫して続けた。商業だけに特化したペイライエウスの町は幾何学的に設計されていて、道は直角に交差し、大きな卸売市場があった。エーゲ海の中心地のひとつであるペイライエウスの──すなわち全取引から税を徴収して財を増やすアテナイの──幸運は、古代世界の要所に位置することであった。小麦と木材だけでなく、シチリアの果物とチーズ、ティルスの赤紫染料と織物、キプロスの銅、コリントスの瓦、エジプトのガラス、アビシニア［エチオピア］の象牙、アラビアの香料、カルキス［エウボイア島］の剣、ブルターニュのスズがここを中継地として、地中海全土からやってきた買付人の手へとわたった。このアテナイの特権的な状況は紀元前4世紀初頭まで続く。

プトレマイオス朝エジプトの失敗

　そしてアレクサンドロス大王の時代が到来する。海という領域に関心をもったこのマケドニア人はみずからの海上計画を進める時間はなかったものの、ただひとつ、前331年にアレクサンドリアを建設した。この町はその後東方貿易の中心地になる。この町が早い時期にハブとしての役割をえたのは、その地理的状況のおかげであるのはもちろんだが、町の創建者アレクサンドロスによる領土征服とのその分裂のおかげでもあった。

　マケドニアが領土征服をした結果、初めてヨーロッパとインドが直接的につながり、ヨーロッパはインドの富に関心を示した。いずれにせよ、アレクサンドリアがこの交易の軸になった大きな原因は、アレクサンドロスの配下の将軍同士の継承争いにあった。この戦いが陸上交易を混乱させたため、プトレマイオス1世（プトレマイオス朝創始者でエジプトの支配者）は、バビロニアやメソポタミアを支配するセレウコス朝シリアに依存しないようにと、交易を海上ルートだけにするよう方向づけようとしたのである。

　この目的のため、プトレマイオス朝は紅海沿岸に入植しつづけた。スエズ運河はまだ掘られておらず、地中海と紅海は当時アレクサンドリアからコプトスまで航行されていたナイル川によって、その後はスエズ湾の沿岸に通じるルートによって結ばれた。プトレマイオス2世はこうして古代の停泊地ミュオス・ホルモスやソテリ

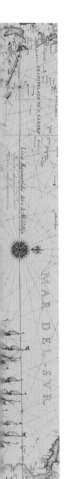

アス・リメンを整備し、その後継者のプトレマイオス３世はアドゥリスを築いた。これはインドとの交易の主要港となり、７世紀にイスラムに征服されるまで莫大な財をなす。アルシノエ（現スエズ）には当初輸送量の大半が集中していたが、暗礁と砂堆が点在する湾であり、かつ北風と潮の流れを受けることから航行がむずかしく、しだいにもっと南方の港にとってかわられた。プトレマイオス８世時代の紀元前118年から115年には、沿岸貿易という形でキュジコスのエウドクソスがインド洋を初めて横断する。

　プトレマイオス朝ではこうして通商を確保して得た財産のほかに、地中海の穀物倉になったエジプトの小麦を販売して得る利益もあった。その財力をもってすれば、この地域を地中海沿岸を支配する帝国にすることもできたかもしないが、プトレマイオス朝はその地政学的状況ゆえに別の道へと迷いこんでしまった。海をめぐる運命で地中海東部を手にすることができたかもしれないときでも、西岸から台頭してきた勢力であるローマと強い立場で対決することができたかもしれないときでも、ファラオの地はその建国のときから変わらずパレスチナのほうに目がいっていたのである。

海上帝国たるべきローマ

　ローマは海洋国というより陸上国であるが、なによりも帝国である。その支配欲によって共和国は、ついで皇帝たちは、海上での勢力を強固にせざるをえなかったが、海にとくに引かれたことは一度もなかった。しかし海は「われらが海」(マーレ・ノストゥルム)(地中海)という言葉によって、歴史に入る。

海洋国家の時代──古代から1492年

ローマ以前のローマ、商売の天才

　ローマ人を建築家や技術者として紹介することはよくあるが、商人として紹介することはめったにない。彼らはしかし軍事的な征服をなしとげるよりもはるか以前から、商取引の分野で電撃戦を指揮することを知っていた。その取引によってローマは、塩や油、とくにワインの地中海市場のかなりの部分を手にした。その秘密の武器は、持ち手がついたローマの壺、アンフォラである。

　ギリシア人が握っていた商業上の主導権は、ローマ人を前にして弱まっていった。ローマ人がより大きく堅固な、規格サイズのアンフォラを生み出したからである。高さ1.2メートルでワインが25リットルまで入るこの壺は、4つか5つ積み上げることができ、売買を大衆化することができる──よって価格を下げられる。この壺の遺物は地中海沿岸全域だけでなく、ブリタニアやゲルマニアでも発見されている。

　元老院議員階級の名家は広大なブドウ畑を作り、その生産物を輸出した。ワイン醸造技術はすでに非常に進んでおり、たとえば白ワインや赤ワインには芳香がつけられていた。征服が進むにつれて、外国、とくにガリアのブドウ畑が奪いとられて、ローマのブドウ品種が支配的になった。さらにローマ帝国が拡張していくと、巨大アンフォラ1ダースでワインを3000リットルまで入れて輸送できる、新たな船の開発が求められるようになった。

　ローマの発展は、通商上のものからしだいに政治的なものになっていった。カル

ローマのアンフォラ

タゴとの対決はこの点で重大な転換期であった。戦いの場となったのは、ローマの小麦倉でありカルタゴにとっては戦略上の鍵であったシチリアである。

西地中海の征服

「小舟を引く2人の奴隷」、浅浮彫り、フランス、カブリエール・デギュ。

　一見すると、この対決はまったく不つりあいなもののように思える。なぜなら、ローマ人が船を刷新し改善しつづけたとはいえ、「ベテラン水夫」と「未熟な船乗り」の戦いだったからである。カルタゴ人がいつも使うフェニキアの3段櫂船は、300人近い漕手を擁する、もっと重々しい5段櫂船と対決することになった。その5段櫂船は3枚帆で、うち1枚は前方のフォアマストに、1枚は後方のミズンマストに、もう1枚の大きな四角い帆は中央に掲げられる。さらにもうひとつ新しいこととして、技師デメトリウス・ポリオルセテスの考案でバリスタとカタパルトを搭載できるようになり、これはすぐに普及した。その後ローマ人は海戦の方法に革命を起こし、敵船を衝角でつくのではなく、敵船に乗り込む方法をとるようになった。そのため方向調節が可能な船橋を考案し、それに鉄鉤や四爪錨を装備した。これはその後さらに改良され、鉄鉤や四爪錨をバリスタで発射できるようになる。

　ローマは何度も苦杯をなめたあと、前260年にミュラエの戦いで初めて海上戦に

海洋国家の時代──古代から1492年

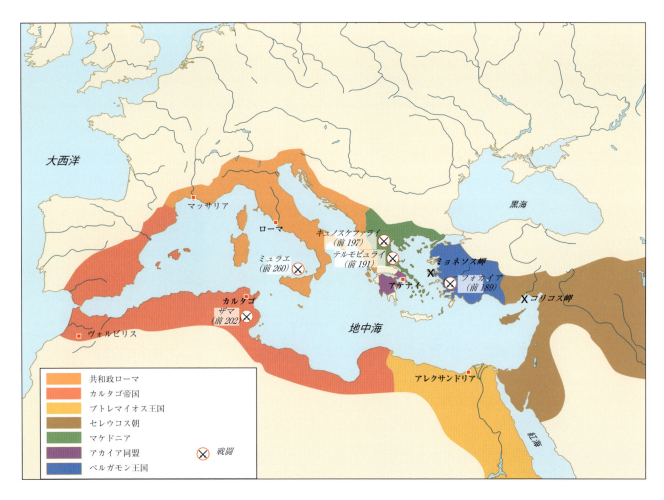

前200年前後の地中海

勝利した。これによってカルタゴは、シチリア島、サルディニア島、コルシカ島をあきらめて新たにイベリア半島征服へと方向転換するとともに、船団の強化もしなければならなかった。しかしローマは第2次ポエニ戦争でも、決定的な切り札である制海権を守り、ハンニバルはアルプス越えをして奇襲をかけたものの、イタリアに入っても支援を得ることができなかった。ローマは敵船の力を減ずるというアテナイ方式を採用し、和平の条件としてカルタゴ海軍を10隻に縮小させた。この条項は以後あらゆる条約で繰り返される。こうした条件下で、第3次ポエニ戦争はもはや形ばかりのものとなった。地中海西部はローマの手のうちにあったからである。残るは東部である。

第1次ポエニ戦争時のローマ軍の5段櫂船と接舷用船橋

東地中海の征服

地中海東部沿岸地方はアレクサンドロス大王の没後、配下であった将軍の後継者たちが分け合い、フィリッポス5世がマケドニアを、アンティオコス3世がシリアを、プトレマイオス朝がエジプトを支配した。アテナイとロードスはマケドニアとの戦いでローマに救援を求め、ローマはキュノスケファライの地上戦で勝利した。これにより海上平和条約が結ばれ、マケドニアがギリシアから完全に撤退することと、10隻を残して保有船をすべて引き渡すことが定められた。これによってフィ

リッポス5世が舞台から去るのはもはや時間の問題となった。

　しかしもっと強力なもう1人の敵がいまだ立ちはだかっていた。ハンニバルの助言を得るセレウコス朝のアンティオコス3世である。ハンニバルはセレウコス朝シリアの艦隊がケルキラ島を奪い、そこからアドリア海やシチリア、アフリカでの戦いへともっていくよう進言するが、アンティオコスはまず最初にギリシアに手をかけることに決め、その結果紀元前191年にテルモピュライで敗れた。アンティオコスは、これによってアジア大陸への退却を余儀なくされた。こうした予備戦ののち、ローマの最終的な勝利はコリコス岬の海で実現した。ここでもローマ人が武器の改良に腐心した成果が、ふたたび決定的な役割を果たした。バリスタで飛ばせるようになった四爪錨でセレウコス朝の船を13隻拿捕し、10隻を沈没させたのである。ローマ側の犠牲は1隻のみであった。エーゲ海の支配者ローマ軍はダーダネルス海峡の通行を掌握し、ついにアジア大陸に足を踏み入れた。セレウコス朝最後の艦隊は、翌年ミョネソス岬で壊滅した。ローマ人はさらに戦術を改良し、火で熱した鉄の棒や油入りの壺、「海の火」と呼ばれる引火性の強い液体混合物をカタパルトで飛ばすことで、敵船40隻を拿捕した。フォカイア奪取によりついにアパメイアの和約が結ばれ、もはや定番となった条項に従って、セレウコス朝の戦艦は10隻を除いてすべて引き渡されることになった。一方、あまりにも弱体化したプトレマイオス朝エジプトはすでに脅威ではなく、地中海は完全にローマの手中に落ちた。しかしそれが真に「われらが海（マーレ・ノストゥルム）」になるのは、海賊行為を撲滅してからのことである。

海賊の撲滅

　ローマによって、海上帝国の普遍的特徴がどのようなものであるかを知ることができる。それは、一般に軍事・通商面で支配的な力を有する権力が、みずからにとってかならず利益になる海の自由の原則を課そうとするということである。長いあいだ紛争の際の補助的な力とみなされていた海賊行為はその意味で必要悪であったが、すでにみたようにしばしば海上貿易を非常に活発におこなっていたローマの元老院議員にとっては、結局は気がかりな問題となった。

　海賊行為は地中海全体で横行していたが、とくに活発だったのはアドリア海とエーゲ海である。この海上の強盗行為の鎮圧は地方総督にゆだねられていたが、あまり成功はしていなかった。不十分な手段しかもたないため、地域ごとの境界を無視して広範囲に活動する、ときとしておそるべき一団を攻撃することができなかったからである。アントニウスは紀元前74年にすべての沿岸に対する無制限の権力を与えられたが、リグリアやイベリア半島沿岸の小グループに対して多少行動を起こしただけで、クレタ島沖にいすわるはるかにしぶとい敵に対しては失敗した。

　その後ローマ艦隊はポントス王ミトリダテスとの戦いに忙しく、海賊対策をなおざりにしたため、交易が妨害され、価格暴騰まで引き起こされた。もっと深刻なこととして、北アフリカやシチリア、エジプトの小麦の輸送が混乱し、食糧難のおそれさえ生じた。アレクサンドリアから年に１回だけ引き渡される量では、消費の３

海洋国家の時代──古代から1492年

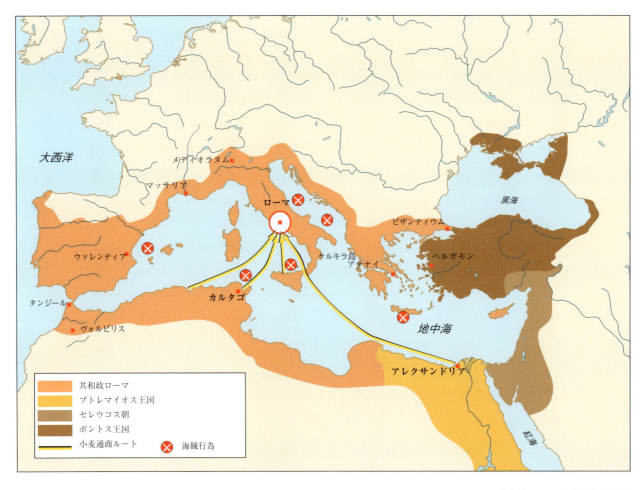

共和政ローマ時代の海賊行為
（前1世紀）

分の１にしかならなかったからである。

　異例の事態には異例の決定ということで、前67年に制定されたガビニア法により、ポンペイウスは３年の任期で全沿岸に対する最高司令官となっただけでなく、その政策を実行するための手段もあたえられた。25人の地方総督を招集する必要がなくなったポンペイウスは、500隻の船を装備し、部隊を自由に動員することができた。彼はジブラルタル海峡から黒海にいたる海を区分けしてそれぞれに警備隊を置き、クレタ島を自分の管轄にした。警備隊は西側沿岸を40日かけて掃討したのち東へと向かい、合計800隻近い船を拿捕し、１万人の海賊を処刑した。こうして海賊行為は撲滅され、残存的なもの以外は帝国が滅亡するまでふたたび現れることはなかった。この静けさのおかげで、とくに紅海をはじめとする新航路を開拓することが可能になった。

装飾を施した３段櫂船、浅浮彫り、
イタリア、ポッツォーリ、前１世紀。

紅海、あるいは贅沢品のグローバリゼーション

　プトレマイオス朝エジプトによって広く開拓されていた紅海は、ローマ人によって新たな時代に入った。贅沢品の世界的取引の時代である。一番の顧客ローマは、絹や真珠、象牙、香料、そしてもちろん香辛料を求めた。香辛料は使い道が非常に広く、料理や薬だけではなく、美容、文化（催淫薬）、宗教（香、ミルラ）でももちいられた。社会的役割もまた大きかった。大衆全体に行きわたるようになると、価格の違いから階級のちがいが生まれ、貴族の香料とか大衆の香料とかいわれるようになったのである。もっとも普及したのは胡椒だが、シナモン、丁子、ナツメグ、ジンジャーも取引された。その重要性が増した証拠として、ウェスパシアヌス皇帝は香辛料商人に対して、ローマの中心部に専用の倉庫をあたえている。

　パルティア人が香辛料の陸上輸送ルートを混乱させた結果、ローマ人はますます海上ルートを使うようになった。彼らはバブ・エル・マンデブ海峡まで進み、オケリスの港で停泊した。ここを出

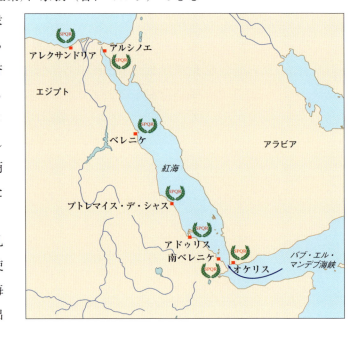

紅海のローマの拠点。
1世紀

発点として年に約100隻の船が出発し、ワイン、陶器、宝石、美術品、そしてとくに大量の金貨を運んだ。しかしアラビアではこの取引の仲介役を維持しようとするイエメン人を通さざるをえなかったため、その活動範囲はアフリカ東岸にとどまっていた。とはいえインド洋冒険を試みた単独船がなかったわけではない。そのあきらかな証拠として、著者不明の『エリュトゥラー海案内記』がある。これは、紅海とアラビア半島南部、インド西岸にある停泊地や港、人々、提供される商品を紹介した案内本である。また、マルクス・アウレリウス皇帝は中国まで使節を派遣している。これは西洋と極東が政治的に結びつこうとした初の試みであり、ローマ帝国が絶頂期にあったことを示している。しかしその勢力はその後もはや衰退するしかなく、西ローマ帝国は崩壊するにいたる。とはいえその帝国は東方で蘇り、もうひとつの海の歴史が記されることになる。

「コンスタンティノープルの城塞」、フレスコ画。

ビザンティン帝国、
ローマへのノスタルジー

　ビザンティン帝国はローマ帝国の復活を死ぬほど夢見たことから、力を分散させてしまった。必要に迫られての陸上帝国と、使命としての海上帝国。ビザンティン帝国はほとんどの場合、ローマ帝国復活を目指す政策のためにその使命をなおざりにするが、郷愁にかられたその政策は実を結ばない。

帝国復活

　地政学的構造を見ると、ビザンティン帝国は後背地(ヒンターラント)に恵まれた海上帝国を築くうえで、なにもかもが適していた。まず第一に、首都コンスタンティノープルは港である。つぎに、その土地は黒海とエーゲ海をつなぐダーダネルス海峡を支配する位置にある。しかも食糧補給に関しては、コンスタンティノープルは30万～40万人近い人口を擁する大きく広がる都市であるとはいえ、エジプトとの関係に強く依存しているため、エジプトを穀物倉とすることができる。さらにくわえると、この町は何世紀にもわたるシルクロードの不可避の通過点である。蛮族が侵入して西洋を混乱させた当初、ビザンティン帝国が力を注いだのは、黒海、ボスポラス海峡、そしてペルシアの絨毯や真珠をはじめとしてインドの宝石、香辛料、象牙、中央ヨーロッパのキャビアが集まる地中海東部沿岸地方であった。この戦略目標は西ローマ帝国が安定している間は一貫していたが、その結果皮肉にも476年に西ローマ帝国が崩壊すると狂いが生じた。西ローマ帝国の消滅によって、ビザンティン帝国はビザンティン的というよりローマ的になり、滅亡した帝国の領土を奪い返す方向へとのりだしていくのである。

「兵士から敬意を表されるユスティニアヌス皇帝」、ユスティニアヌス法典、1340年頃。

この政策はユスティニアヌス皇帝（在位527〜565）時代に頂点に達した。将軍たちは北アフリカやイタリアを奪還したが、その遺産はその後の皇帝たちに災いし、ビザンティン帝国の運命を強く決定づけることになる。実際、ゲルマン民族の大移動後、ビザンティン帝国は決然とオリエントに目を向けてペルシアとの対決に力を集中させ、紅海の支配権を確保し、アラビアの活発な部族が攻撃的になりすぎないよう見張るという選択もありえたはずなのである。

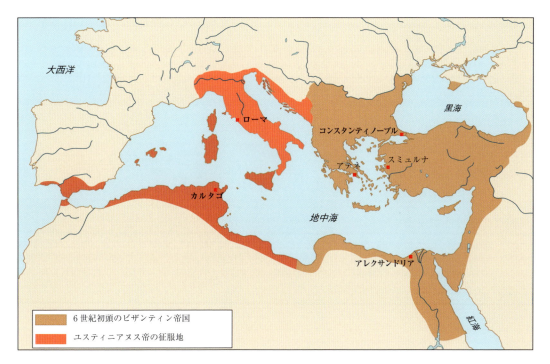

ユスティニアヌス帝時代の帝国（6世紀）

イスラムによる転換期

　イスラム教徒はある意味軽視されていたものの、少しずつ新たな領地を征服していた。ビザンティン帝国はペルシアと同様それに気づくのが遅く、根本的に変化した世界に立ち向かわねばならなくなった。ササン朝ペルシアは7世紀なかばに滅亡、ビザンティン帝国はもちこたえるものの、かけがえのない多くの地方を奪われた。北アフリカだけでなくエジプトやシリア全域も失い、残ったのはアナトリアとバルカン半島のみであった。

　しかもコンスタンティノープルはブルガリア人の侵攻を何度も受け、さらに717年から718年の1年近くにわたっては、アラブ人による攻囲戦で壊滅しかけた。しかしここで海上勢力が町を救った。艦隊の先鋒部隊であるドロモン船により海上戦が刷新され、離れた敵でも倒せるようになったからである。攻撃用武器としては、1隻の船につき台座に乗せた弩(オオユミ)が20あり、船

「ギリシア火を使うビザンティン帝国軍隊長スラブ人トマスの軍、『スキュリツェス年代記』、12世紀。

の前方と中央部には6つのバリスタがそなえられた。そしてもちろん石や火玉、蛇を入れた壺を飛ばす一連のカタパルトがある。射手と槍投げ兵が戦う戦闘台はマストの中ほどにかけられており、行動にうつる直前に鎖でもちあげられた。一方接舷するときには敵に向かって支柱から重石を下して、途中のあらゆるものを押しつぶす。敵船を沈める役目の潜水兵はいつでも行けるように準備が整っていたが、それに勝るものとして絶対的武器であるギリシア火があった。この混合物の秘密は固く守られて分からなくなっていたが、アラブの侵略を逃れてきたシリアのギリシア人カリニコスによって、700年ごろビザンティン帝国に伝えられた。ギリシア火はサイフォン（一種の火炎放射器）によって飛ばすもので、そのサイフォンはブロンズ製の怪物の口からチューブが数本出る形になっていた。チューブはしなやかで、戦闘中の必要に応じて方向を変えることができる。このサイフォンは船首についており、甲板に置いた容器から、火を放つ混合物をそこに補給する。補助的なものとして、1隻の船に別にふたつのサイフォンがあり、そのうちのひとつは後部に置かれる場合もあった。また、接舷時には兵士たちが一連の携帯用サイフォンをもった。こうした装備があるうえ漕手が動かすということもあって、ドロモン船にはほかの積み荷を置く場所はほとんど残らず、補助が必要であった。そのため2隻の船に食糧や予備品を積んで支援船とした。

　イスラム軍によるコンスタンティノープル包囲の際、イスラムの補給船は海峡のヨーロッパ側で動きがとれずにいた仲間の軍に合流するために、疲れ切っていた。

海洋国家の時代──古代から1492年

1025年のバシレイオス2世没時のビザンティン帝国

そこでビザンティン帝国は、この補給船を徹底的に沈没させることで決着をつけた。アラブ軍は飢えと病気で数多くの死者を出し、包囲を解かざるをえなかったのである。この勝利は740年のアクロイノンの戦いでの勝利につながり、状況は最終的に安定する。

　ビザンティン帝国がつぎにすべきことは、ダーダネルス海峡を中心に、バルカン半島の一部とアナトリアの一部とからなる帝国を築きなおすことであった。地政学的観点から見ると、黒海の支配と、それ以上にエーゲ海の支配が不可欠である。826年に敵の手に落ちたクレタ島も、ビザンティン帝国のふたつの部分をつなぐ海上交通の安全を確保するために奪い返さなければならない。この目的が達成されるのはロマノス２世統治下の961年で、965年にはキプロス島が奪還されてさらにこれを補う形になった。

　こうしてビザンティン帝国はかつての悪習にふたたびおちいった。あきらかに東方——アナトリアだけでなく、ヴァイキングの侵入が表面化しはじめた黒海——に向かうべきときに、ローマへの絶対的な思いから西方やシチリアのほうへ向かってしまったのである。こうして力が分散したことから、帝国は失墜へと進んでいく。

ヴァイキング、十字軍、トルコ人

　ヴァイキングの時代という場合、実際には３つの動きがふくまれている。ひとつ

海洋国家の時代──古代から1492年

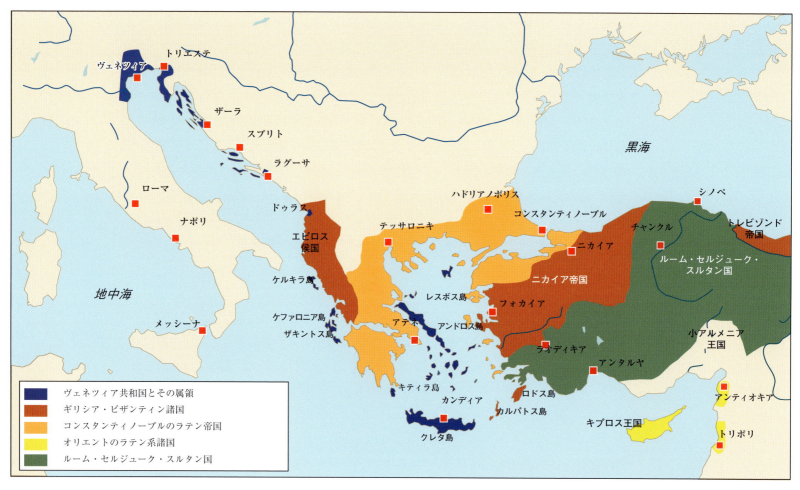

1204年、第4回十字軍によるコンスタンティノープル陥落後の地中海東部

は北極地方と大西洋へ向かう動き、ふたつ目はロシアの河川をめざすもの、最後はもっと海賊的な思いのままに、ノルマンディの海岸から地中海へ行って強奪だけをしようとするものである。ビザンティン帝国は、のちにロシア人となる人びとに黒海で立ち向かったうえ、押し寄せてくる「ノルマン人」とも対峙した。ノルマン人はシチリアとイタリア南部を征服したあと、バルカン半島とアナトリアへの遠征を企てていた。

　同時に、中央アジアから来たトルコの部族セルジューク族が11世紀から13世紀にアナトリアとメソポタミアの大部分を奪い、おそるべき勢力になっていた。ビザンティン帝国は弱体化したとはいえ存続しており、西側への夢を追いつづけた。マヌエル・コムネノス皇帝はイタリア再征服にのりだしやすいよう小アジアとバルカン半島で地歩を固めたが、その夢のような考えが致命的なものになる。

　とどめの一撃をくわえたのは、ビザンティン帝国の輝かしい身内のひとつ、ヴェネツィアであった。ヴェネツィアは第4回十字軍を当初の目的である聖地からはずれさせ、コンスタンティノープル征服へと向かわせた。そしてコンスタンティノープルは1204年に陥落する。ビザンティン帝国の最終王朝であるパレオロゴス朝の諸皇帝は、1261年に町を奪還しうわべだけの帝国をふたたび築こうとするが、歴史の続きはもはや長い断末魔にすぎず、最後を迎えた。1453年、後のイスタンブールはメフメト2世に奪われ、誕生してまもないオスマン帝国に組み込まれる。

動物の頭がついた柱、オーセベリのヴァイキングの墓。

ヴァイキングの冒険

　ヴァイキングは海の地政学の中に独自の物語(サガ)を記した。そこに独占取引の成立や戦略的活動がみいだせるとはいえ、ヴァイキングをなによりも支配したのは冒険への渇望である。あくことのないこの北欧の戦士たちはつねに別の場所を探し、新たな世界のためには昨日征服したところもほおりだす。それを可能にしたのは、ヴァイキング船という破格の船である。

ヴァイキング船

　いかなる船もヴァイキング船とは比較できない。比類のないモデルであるこの船には、先輩も後輩もいない。この船は海上戦というよりも襲撃のために考案されたもので、当時の船の2倍のスピードを出せるうえ安定性にもすぐれていたことから、沖合に挑むことも、川をさかのぼることもできた。セーヌ川を上ってパリにたどり着くこともできれば、大西洋から北極地方をまわり、ニューファンドランドに達することもできたのである。とはいえこうした船だけでは、ヴァイキングの大航海を説明するには十分ではない。

　じつのところ、古代から人はおおよその見当で航海をしてきた。沿岸航行を好むのはそのためである。地中海横断はすでにひとつの冒険であり、海の色、風、海流、昼間は太陽、夜は北極星とこぐま座が唯一の道しるべであった。それらはたえず変化するため、少なくともヨーロッパでは羅針盤を使うようになる12世紀末までは、目が見えないまま動いているようなものであった。

　ヴァイキングはみずからが描いた大叙事詩よりも後に現れた羅針盤は知らなかったものの、オーラブ・トリグヴァソン（1000年頃のノルウェー王。ヴァイキングのキリスト教改宗に大きな役割を果たす）の物語を信じるのであれば、「太陽の石」を使っていた。それを見ると、嵐の空でかくれていてもつねに太陽の位置が分かるのだという。

この「太陽の石」は長いあいだ神話だと思われていたが、フランスとアメリカの物理学者による最近の研究発表で、初めて科学的に裏づけされた。それによると「太陽の石」は方解石の結晶でできていたらしい。北欧に豊富なこの石は太陽光の偏光を解消し、方角を推測させる特性がある。

　この命綱を手にしたヴァイキングは、スカンディナヴィアを離れて最初はヨーロッパ大陸の沿岸に沿って冒険に出かけ、そこでカロリング朝フランク王国の貴重な品々を目にした。そして大規模な取引が始まり、オリエントから来た香辛料や絹、ドナウ川の金、フランク王国の武器、イギリスの黒玉（ジェット）、ライン川のワインが、奴隷、魚の干物、ハチミツや毛皮と交換された。通商によりたがいに知りあうことができ、相手の弱点を知り、結果として真の海賊帝国を築いていくことになる。

海賊網

　海賊の勢力がこれほど強くなり、時間的にも空間的にも客観的に帝国といえるほど広がった例はめずらしいだろう。この冒険の先駆者はデンマーク・ヴァイキング（デーン人）であった。デーン人は大陸に停泊したことからカール大帝統治末期以降の豊かさに魅了され、大帝が没するとフランク王国の分割争いに乗じて勢力を増した。

　ヴァイキングの商才については無視されがちであるが、彼らは戦いの王であると

海洋国家の時代──古代から1492年

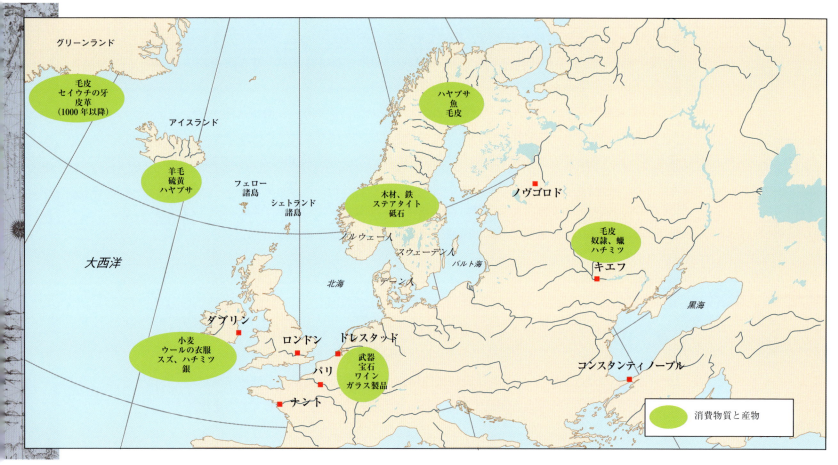

10世紀初頭のヴァイキングの商圏

同時に商売の王でもあった。その戦略は無秩序な強奪とは違い、実際は交易の大きな流れをたくみにとらえて独占する方法を基本にしていた。攻撃をはじめた当初の810年には、通商が栄えてにぎわう、現オランダ北部のフリースラント地方の町々を標的にした。

　大陸各地でなされた急襲の原則は、その後も変わらない。河口にある島を拠点にして、そこから大隊を送るのである。グロワ島とノワルムーティエ島は、塩とワインの輸送をおさえるための彼らの基地のひとつになった。セーヌ川沿いのジュフォスや、ムーズ川とライン川の河口にあるワルヘレン島も同様である。ヴァイキングはこれらを足がかりに土地に入りこんで、ドレスタッド（北ヨーロッパ最大の市場）を奪い、ハンブルクで略奪し、さらにはパリ、シャルトル、トゥールを包囲した。イギリスも放っておいたわけではなく、テムズ川河口の島々（とくにシェピー島）を占領し、ロンドンを荒らした。もっと驚くべきこととして、スペインの海岸にまで到達し、リスボン、カディス、セビーリャを襲った。その13年後にはモロッコを攻撃し、アルヘシラス、バレアレス諸島、

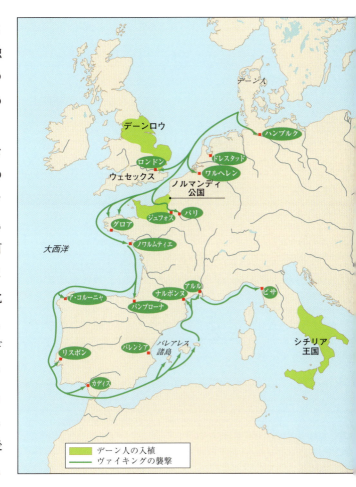

デーン人の襲撃
（9〜11世紀）

ルシヨンを略奪し、ピサとフィエゾーレを奪取した。

　おそらく満足し、居場所をえたいと望んだにちがいない、デーン人はこうした遠方での急襲をおえると一か所に定住しようとした。そこで多数の小王国に分かれていたイギリスが征服しやすいということで、876年にヨークシャー地方北部とテムズ川の間にデーンロウを築いた。セーヌ川からフランス北部に侵入したヴァイキングは、911年にノルマンディ地方を託された。西フランク王シャルル3世は王国北部を侵略から守るために、この新たな臣下をあてにしたのである。しかしヴァイキングの冒険精神はその後も健在で、ノルマンディ公ウィリアム1世征服王は1066年にイングランドを奪った。一方その臣下であるノルマン人の一部は、数年前からシチリア、さらにはイタリア南部の征服に乗り出していた。しかも同じノルマン人でシチリアにいた者たちは、先祖伝来の略奪者という大いなる伝統の中でビザンティン帝国を攻撃し、十字軍国家アンティオキア公国を築いた。植民者精神はデーン人には遅まきに現れたが、反対にノルウェー人にはもともとあったらしく、彼らは現代から見ても目を見張る大西洋帝国を作り上げる。

大西洋の叙事詩

　南にデンマーク・ヴァイキングという障害があった

「イギリス海峡を渡るウィリアム1世」、部分、バイユーのタペストリー。

ノルウェー・ヴァイキングは、もっと北方の地に向かわざるをえなかった。700年ごろシェトランド諸島を占有するが、彼らが飛躍的に発展するのはその100年後からである。800年ごろにオークニー諸島とフェロー諸島を支配すると、つぎにはスコットランドとアイルランドを標的にした。839年にダブリンを建設するが、そこでのヴァイキングの支配はもろいものであった。ついで860年にアイスランドを攻撃。侵略前にこの島には数人のアイルランド人僧侶しかいなかったが、すぐに追い出されて複数の一族全体がとってかわり、早い時期から牧畜と農業に転向した。ノルウェーとアイスランドとの大規模な通商関係が生まれ、森がほとんどないアイスランドは羊毛を輸出する代わりに建築用木材を輸入した。

続いて赤毛のエイリークが登場する。3年間という期限でアイスランドから追放となったエイリークは亡命希望者とともに海に乗りだし、982年に身を落ちつけた島を、移住者に魅力的だと思わせるために「緑の地(グリーンランド)」と名づけた。この植民地は移住者を引きつけ、その数は4000人にまで達した。実際この島は北大西洋のおだやかな気候で、風の弱い土地では穀物栽培もできるし、牛や羊の飼育も、また象牙やセイウチの皮、シロクマの毛皮など貴重品の輸出もできる。ヴァイキングがキリスト教に改宗すると、この植民地には200ほどの農場に対して12の教会とひとつの大聖堂、大修道院のほか、寄宿学校まで建てられた。

それから10年後の992年、エイリークの息子レイフ・エリクソンは父にならって冒険に出ようと、西方へ向かった。彼はラブラドル半島にたどりつき、沿岸沿い

海洋国家の時代──古代から1492年

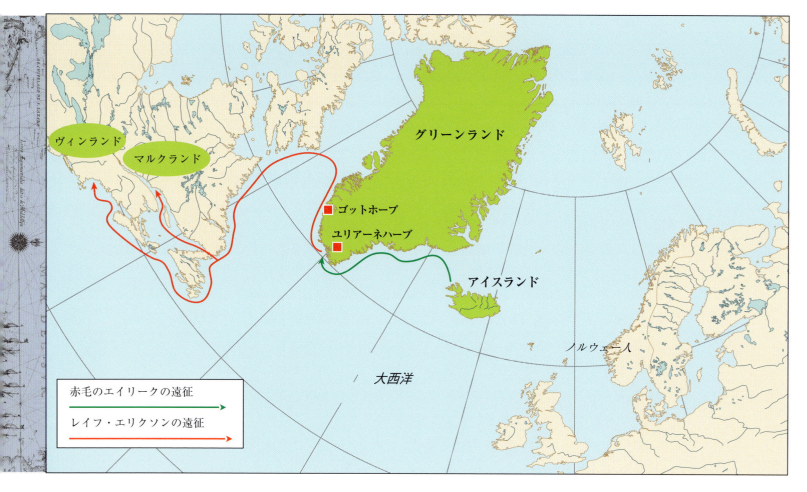

ノルウェー人の大西洋帝国（10〜11世紀）

に進んでセントローレンス川河口を認め、ニューファンドランドを発見してそこで冬を越した。その後もっと南の地（メインとボストン地方）に到達すると野生のブドウが生えていたので、その他をヴィンランド（ブドウの地）と名づけ、木材とブドウを積んで戻った。これによりヴィンランドとセントローレンス川北岸のマルクランドの植民地化の企てがはじまるが、先住民とのいさかいから抗争になり、植民地開発はなしとげられなかった。とはいえそこにはグリーンランドにはない木材があるため、1350年ごろまで単発的な侵略がくりかえされた。

　この大西洋帝国によって、ヨーロッパ人の植民地がアメリカに永続的に築かれる可能性もおそらくあったであろうが、そうはならなかったのは、1200年以降「小氷河期」として知られる悪天候が、アイスランドとグリーンランドの植民地を襲ったからである。一連の激しい火山の噴火によりアイスランドの状況は悪化し、1104年のヘクラ山の噴火では島の半分が灰で覆われ、多くの農場が放棄された。アイスランドの支えがなくなったことから、グリーンランドの植民地も1500年ごろ消滅する。

襲撃とルート、物々交換と闇取引

　スウェーデン・ヴァイキングはまたちがう次元のヴァイキングの冒険を見せてくれる。河川を通して行われる、本質的に商業的なものである。西方でノルウェー人

海洋国家の時代──古代から1492年

とデーン人に妨げられたスウェーデン・ヴァイキングは、主に通商を軸として東へと向かった。西方への襲撃をはじめる約1世紀前、スウェーデン人は最初スタラヤ・ラドガの中心地で勢力を強めることから発展し、スタラヤ・ラドガは750年頃にはスウェーデン人の交易の要所となった。ここは毛皮のとれる動物の宝庫である北方に進出するには理想的な拠点であり、しかもまだ関心を引いていなかった現ロシアの中心部に行く河川ルートを支配する位置にもあった。

　実際に物事が変化するのは8世紀末である。征服者たちがヴォルガ川を進んで良質の銀貨を流通させているのをみると、ヴァイキングはその出所を見つけようとにさらに前進した。830年頃、現在ルーシと呼ばれるヴァイキングはロシアの河川体系の探検を終え、イスラムやビザンティン帝国との直接的な取引関係を確立した。ヴァイキングはたんなる取引では満足せず、中継地であり商館でもある一連の町を基盤として、正真正銘のネットワークを形成した。ノヴゴロドのように領地だった町もあれば、キエフのように征服した町もあったが、いずれも後背地(ヒンターランド)を支配して、毛皮や奴隷を貢物として徴収する手段であった。それらを銀貨と取引するのである。

　この商業帝国は200年近く続いたが、アッバース朝の銀山が

スウェーデン・ヴァイキングの東部帝国と通商ルート（9〜11世紀）

枯渇したというだけの理由で、ヴァイキングは獲得した立場をなおざりにした。さらにそこにデンマーク王クヌート1世が登場したことも、大きく関係する。この王はイングランドとノルウェーを手中にし、バルト海を中心として政治的にも商業的にも力をもった。ヴァイキングの冒険の頂点となるこの帝国は四半世紀しか続かなかったが、通商ルートを根本的に変えるという結果を残した。ロンドンは大通商航路の終着地となり、中国、インド、バグダード、ビザンティン帝国からの積み荷が、キエフやノヴゴロド、ビルカ、リューベックを経由してやってきた。同時に、フランドル地方沿岸部も再編成されて活気を取り戻し、ブルッヘが台頭した。またヴェネツィアも姿を現してきた。こうして何世紀にもわたってヨーロッパの基盤をなす、通商拠点地図が描かれていく。

1028年、クヌート大王の帝国

ジェノヴァとヴェネツィア、新大陸発見の準備地

　大発見の母胎は、イタリア諸都市国家のなかで作りあげられていった。信用取引の方法が生まれ長期遠征の軍資金ができる一方、海洋国家のモデルは帝国のモデルへと決定的に移行した。こうしてジェノヴァは交易の面で、また海洋州（Stato da Màr）［行政区分のひとつ・海外領土］という概念を生み出したヴェネツィアは権力の面で、新たな海上勢力が生まれる出発点となる。

「ヴェネツィア」、ボロニーニ・ザルティエリ、1565年。

ヴェネツィアの才能

　カルタゴと同様、ヴェネツィアは遠い土地との服従関係を巧みに利用して発展した。カルタゴがティルスに依存したように、ヴェネツィアはビザンティン帝国に依存したのである。どちらも、干渉するには遠すぎるが保護するには十分近い、うしろ盾のような関係である。

　ヴェネツィアの幸運と才能は、トルキスタンの部族ペチェネグ人の侵攻を利用したことにあった。ヴォルガ川からドン川、ドニエプル川にいたるロシアのすべての大河の川岸に到達したこの遊牧民は、実際北欧の製品をスカンディナヴィア人を介してビザンティン帝国に運ぶ大通商ルートを遮断した。そこでヴェネツィアの商人はこの思いがけない幸運を利用して、10世紀以降新たなルートを築いて代替路を提供することにした。彼らはポー川を上り、アルプス山脈、ローヌ川を越え、シャンパーニュ地方を横断してフランドルまで達し、南北通商の新たな仲介役を買って出たのである。

　こうしてヴェネツィアはビザンティン帝国にとってなくてはならない存在になると、みずからの優位な点

「ペチェネグ人とキエフ軍の戦い」、『スキュリツェス年代記』、12世紀。

をさらにおし進め、ノルマン人との戦いでビザンティン帝国に加勢する代わりとして、アレクシオス・コムネノス皇帝から金印勅書（正式な勅令）を獲得した。これによりヴェネツィアは、ビザンティン帝国全体（黒海は除く）での寄港の自由、税金と関税の免除、金角湾沿いの３つの寄港地の所有を認められた。ヴェネツィアは十字軍を利用して隊商路（キャラバン）の終着点を新たな十字軍国家の港町におき、これによってしだいに東洋と西洋の集散地としてコンスタンティノープルにとってかわった。1202年にヴェネツィアが第４次十字軍の進路を変えさせたのは、ビザンティン帝国を失墜させることによって経済的支配から政治的支配へと移行するための手段であった。

　表面的な権力など顧みないヴェネツィアは、十字軍参加者が脆弱な公国や王国、帝国をビザンティン帝国の残骸の上に建てるのを捨ておき、もっと本質的なことに専心した。利益の高い通商路上に、強力な中継地網を築くことである。ヴェネツィアはまずバルカン半島西岸をペロポネソス半島とイオニア諸島まで支配することで、アドリア海での支配を強めた。以後この海域は「ヴェネツィア湾」と呼ばれる。エーゲ海の島々とトラキアの寄港地も、東方の地への入口である黒海とコンスタンティノープルへのアクセスを確保するには不可欠であり、コンスタンティノープルについてはかなりの部分（８分の３）を獲得した。また、クレタ島は農作物が豊かであるという意味で戦略的な性格を帯びるが、それ以上にアレクサンドリアとコンスタンティノープルのあいだに位置する、東地中海の大海上路の要衝であった。

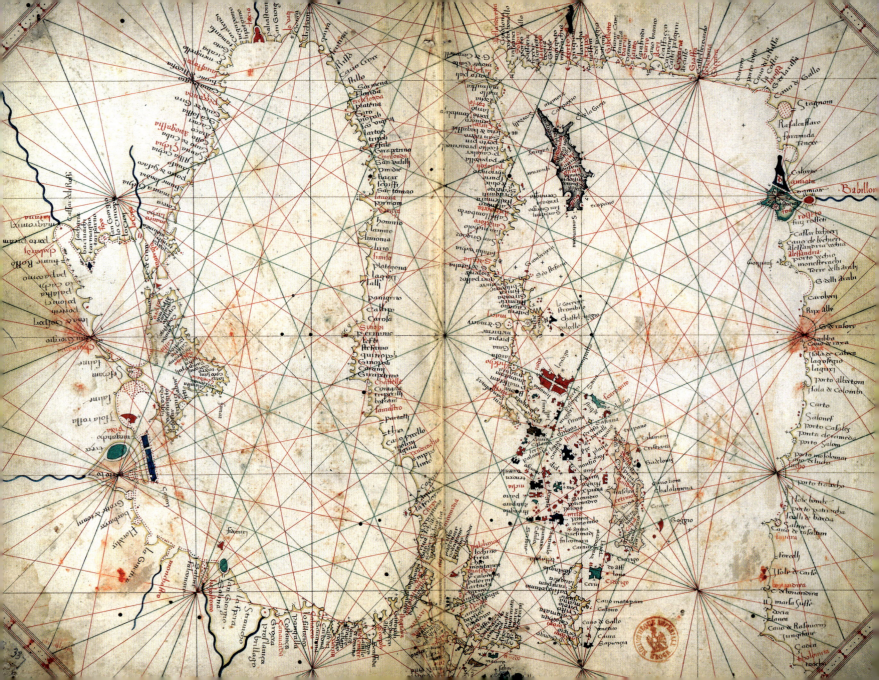

財政的な負担をせずに海洋州を築こうという野望をもったヴェネツィアは、民間の自主的な動きにまかせて、ケルキラ島をはじめとするイオニア諸島の島々や、エピロス地方やペロポネソス半島の港、コロンとモドン、キティラ島とアンティキティラ島、キクラデス諸島、ネグロポンテ（エウボイア島）を獲得し、コンスタンティノープルにいたる航路に点々と並ぶ「真珠の首飾り」を作り上げた。コンスタンティノープルでの税務上の特権を十字軍国家から獲得したこと（1261～1453年のビザンティン帝国復興時とオスマン帝国時代にも続く）と、黒海の遠い商館（カッファ、トレビゾンド、ターナ）を保有したことによって、すでにえていた立場をさらに完成させ、一方アレクサンドリアに領事館と取引所をおくことで、インドや中国との多くの取引も確保した。

海洋州（Stato da Màr）

　このように通商路上に中継地点を築くという要するに古典的なやり方に、海洋州は経済的利益と公益を完全に重ねあわせるという根本的に新しい次元をつけくわえた。造船所が変化したことが、その重要性を証明している。これまで決まった季節に船を補修したり、艤装品や木材、武器を保管したりするだけであった造船所が、まさに海の基地になったのである。船は長いあいだ都市内の複数の工場で作られていたが、１か所だけで作られるようになった。その新造船所（アルセナーレ・ヌオーヴォ）では大砲の製作もお

海洋国家の時代──古代から1492年

「ヴェネツィアの造船所」、エルハルト・レーウェイク、1486年。

こない、一方ターナには国のロープ類製造所が建設された。その目的は、ヴェネツィア共和国が約100隻のガレー船から成る均質で専門化した船団を常時使えるようにすることにあった。1473年にはさらに最新の造船所(アルセナーレ・ヌオヴィッシモ)の建設がはじまった。これは完成はみなかったものの、造船を革命的にリードするものであった。装置や備品はそれまで専用の場所に保管されていたが、以後は船ごとに定められた場所に集め

られるようになったのである。

　ガレー船はヴェネツィアのイメージそのものになり、毎年4つの大輸送船団が準備された。黒海の船団はふたつに分かれ、ひとつはドン川を上ってモンゴルやロシアの隊商路の最終地点であるターナまで行き、もうひとつはトレビゾンドのほうへ行った。そこで買いつけたのは、カフカス、タタール、モンゴルの奴隷、ワイン、真珠、金、キャビア、皮革、絹、蝋や香辛料である。もうひとつの輸送船団はパレスチナとシリアに行って、ヴェネツィアが購買独占権を獲得した綿花を積み、経由地のペロポネソス半島、クレタ島、キプロスでは北方ヨーロッパ向けのギリシアのブドウ製品を載せた。最も重要なのは第3の航路で、エジプトとアレクサンドリアに向かい、なによりも貴重な食料品である胡椒、シナモン、ジンジャー、丁子、ナツメグ、砂糖だけでなく、染料材（没食子、エンジムシ、インディゴ）、薬剤、ゴム（樹脂、乳香）、アロエやオリエントのバルサムを積んだ。1万トンの香辛料は北方ヨーロッパ向けで、金属（銅やスズ）、イギリスの羊毛、織物工場で作られた製品と取引した。

　しかしヴェネツィアの強みは使用できる船の数よりも、むしろその管理方法にあった。15世紀前半のヴェネツィアの香辛料の売上高は、40〜60％のマージン込みで10万ドゥカートに上ったと歴史家はみなしている。その秘訣は、船を岸にあまりに長く停泊させないように輸送船団を編成したことと、船倉を最大限活用して利益を最大化したことにあった。たとえば、貴重な食料品は非常に軽い場合も多いた

め、船のバランスをとるために、塩をおもし代わりに使うのである。

　さらにヴェネツィアは1280年から1585年には地中海東岸の塩田を独占し、この地方で産出される塩をアディジェ川とポー川に近いキオッジャに集めて、アルプス山脈東部と南部の市場全体を手にした。塩は食料保存のために不可欠であったため、その唯一無二の供給者であるヴェネツィア共和国はその「白い金」の販売収益を利用して、海上勢力の財源とすることができた。サルーテ岬にある税関に保管された塩を卸売商は1ミュイ（2.4立方メートル）につき8ドゥカートで買い、10ドゥカートで転売した。仕入れ値が異常に高いのは、ジェノヴァ、マルセイユ、バルセロナのライバルを香辛料取引に参入させないためであり、ダンピングや偽装補助金に類するものであった。

　すべてがヴェネツィアの利益にとって幸いした。塩だけでなく、聖地巡礼においてもヴェネツィアは特権的な役割を果たした。大帆船の船室を整えてこの利益の大きい市場を独占すると、これによってヴェネツィアは東方への航行資金の3分の2を賄うことができた。こうした商才によってヴェネツィアは、後背地(ヒンターランド)建設へと向かうことができた。それがみずからの海上勢力に堅固な基盤を与える、唯一の手段だからである。

ジェノヴァとヴェネツィア、新大陸発見の準備地

地中海東部と黒海のヴェネツィア帝国
(13〜15世紀)

本土州（Stato da Terraferma）

　内陸地域を支配するということは、船や手工業、農業、軍隊のための人材を確保できるということである。15世紀初頭にヴェネツィアは、パドヴァ、トレヴィーゾ、ヴェローナを支配下に入れ、続いてフリウーリ、ブレーシア、ベルガモを手にした。ポー川沿いは、1454年にミラノとローディの和を結んだあと、数か所を獲得した。こうして「本土州」を作り上げる一方、アドリア海を通る外国船には、すべて許可を得たうえ高額な通行料金を支払うよう求めた。この後背地(ヒンターランド)は、ヴェネツィアがオスマン帝国の拡張政策に断固抵抗したことを表している。

　1291年にアッコンでイスラム教徒が勝利したことも、聖地から十字軍戦士がいなくなるということではあったが、ヴェネツィアに悪影響を及ぼしたようにはみえない。その代わりとしてヴェネツィアは、経済的

ヴェネツィアの本土州（15世紀）

ジェノヴァとヴェネツィア、新大陸発見の準備地

に支配するキプロス島周辺を再編成し、その後1489年にはこの島を政治的にも支配した。アッコン陥落後教皇はアレクサンドリアに行くことを禁じるが、この島を支配していたおかげでヴェネツィアに支障はなく、キプロス島はイスラム教徒とキリスト教徒の船がおちあう場となった。その後ローマ教皇はふたたび年に１度アレクサンドリアに６隻のガレー船と４隻の丸船が行くことを許可したため、巨大な造船所が稼働することになった。

　このようにヴェネツィアは15世紀初頭には海でも陸でも成功をおさめたが、これはつかのまのことであった。1453年にコンスタンティノープルが陥落し、1470年にネグロポンテもトルコの手に落ちたことから、エーゲ海と黒海へ行く道は閉ざされた。このようにオスマン帝国の台頭はヴェネツィアに厳しい試練をあたえたが、まだ敗北をもたらすまではいたらなかった。ポルトガル人によるアフリカ迂回も同様である。ポルトガルの輝かしいデビューをやりすごしたヴェネツィアは、良質な香辛料の市場での立場を立てなおし、避けて通れない役目を堅持した。16世紀半ば、ヴェネツィアはまだリヨンの胡椒取引の85％を手にしていた。

　ヴェネツィアの凋落は、新世界のことを考える能力が欠けていたことと関係する。

「ヴェネツィアの眺望」、エルハルト・レーウェイク、1486年。

ヴェネツィアはグローバルというより地方レベルで物事を考えていたのである。とはいえヴェネツィアは、陸上と海上のあらゆる地図を手にしていた。通商網が広がっていたことは、マルコ・ポーロの一行によっても、また紅海への扉であるアビシニア［現エチオピア］との関係によっても明らかである。アビシニア王の大使は、1402年にヒョウの毛皮や香料をもってヴェネツィアまで来ている。一方フィレンツェの図書館に保管されているヴェネツィアのインド航路図にはとりわけアクスム［エチオピア北部］を経由する航路が描かれており、極東にかんする知識があったことを証明している。たしかに不十分ではあるが、ほかの国とは比較にならないほどすぐれた知識である。しかしヴェネツィアは親愛なる地中海にしっかりと根をはり続けるほうを選んだ。それに対してジェノヴァは未来に、すなわち大西洋に、すでに目を向けていた。

ジェノヴァあるいは未来の創造

　ジェノヴァ共和国は、ヴェネツィア共和国とは反対である。本質的に金儲け主義の船主の集まりであるジェノヴァ共和国は、きわめて国家志向であるそのライバルとは異なっているのだ。両者は生まれからして似ていない。ヴェネツィアはビザンティン帝国の宗主権からおだやかに脱したが、一方ジェノヴァは存在権を獲得するために激しい戦いをしなければならなかった。

ジェノヴァとヴェネツィア、新大陸発見の準備地

「ジェノヴァ」、『世界都市図集成』、ケルン、1572年。

　実際、後のジェノヴァ共和国のなみはずれた運命を予感させるようなものはなにひとつなかった。第一に、その環境は敵対的である。というのも8世紀からムーア人がコルシカ島とサルデーニャ島を支配していたため、ジェノヴァは沖合に出ることが一切できなかったのである。この難しい運命を逆転することができたのは、当時支配的な力をもっていたピサとの同盟があったからこそである。最終的にムーア人は11世紀に敗れ、サルデーニャ島北部と、ボニファチオ、バスティア、カルヴィなどコルシカ島の一部がジェノヴァに帰属、残りはピサのものになった。この分

海洋国家の時代──古代から1492年

割はのちの対決のタネとなる。

　とはいえこの対立は、十字軍を進めようとする精力的な力のおかげで、すぐには表面化しなかった。十字軍の遠征は、軍や軍需品、救援物資を輸送するイタリア諸都市国家の船団の協力なしでは実現しえかったからである。イタリアの都市国家はそこから莫大な利益を引き出しただけでなく、それ以上に聖地につぎつぎと大きな影響力をもつようになった。ジェノヴァは1097年にアンティオキア攻囲戦に参加し、この町の4分の1と通商上の特権を獲得した。ピサはラタキアで、ヴェネツィアはアッコンで、同様のものをえている。ジェノヴァはビブロス（現レバノン領）を獲得して航路を描いたが、まだピサと肩をならべるにはいたらなかった。ピサは当時レーリチからチヴィタヴェッキアにいたるイタリアの沿岸、トスカーナ諸島、コルシカ島とサルデーニャ島の大部分を支配し、モロッコからコンスタンティノープル、プロヴァンス地方からチュニジアにいたる通商路を独占していたからである。このふたつの都市国家はしかしティレニア海上で対立することが多くなり、1284年にはメロリア海戦まで起こるが、結局ピサが敗北した。これによりジェノヴァはコルシカ島を奪い、自国の小麦倉にした。ジェノヴァは同時にサルデーニャ島とリヴォルノ港も奪うとともに、とくにピサの港を破壊し、敵から海への野心をすべて奪った。ピサという足かせから解放されたジェノヴァは、ついに「華麗な都市」の異名をとるにいたる。

ジェノヴァとヴェネツィア、新大陸発見の準備地

地中海東部と黒海のジェノヴァ帝国
（13世紀）

オリエントの誘惑

ジェノヴァ共和国は、ビザンティン帝国と十字軍参加国との争いの中でビザンティン帝国のパライオロゴス王朝を援助することによって、地中海東部で巧みに立ち回った。1204年に十字軍の手に落ちたコンスタンティノープルが1261年にふたたび帝国の首都になると、当然ながらジェノヴァはその報酬をえた。ジェノヴァはヴェネツィアがもっていた特権を手中におさめるとともに、ボスポラス海峡に面するガラタ地区も獲得し、ここを出発点にして黒海での支配権を築くのである。

この時期、聖地での争いのお

かげで黒海には特別な利点が生じた。十字軍国家とイスラムの対立だけでなくイスラム同士の対立もあって、アレクサンドリアが衰退したからである。紅海とペルシア湾では儲けが薄れ、隊商(キャラバン)の輸送路は黒海を迂回してクリミア半島まで行くことで新たに発展した。そのためジェノヴァはさまざまな通商路を手にしようと、商館網を築いていった。まずクリミア半島からはじめたのは、毛織物の媒染剤として唯一のものだった小アジアのミョウバンを独占するためである。ケルソン、チェンバロ、アルプカ、ヤルタ、スダク、ケルチ、そしてもちろんカッファがすぐに築かれた。ついでドナウ川河口では、ジュルジュ、ブライラ、ガラツィ、イズマイール、リコストモ、エラクレア、コンスタンツァがならび、アゾフ海ではマトリダ、タマン、ターナをキプチャク・ハン国との接点にした。

　一連の中継地は地中海全域に張りめぐらされた。クシャダスからフォカイア、コンスタンティノープル、アマスラをへてシノペにいたるアナトリアの錨地がこれを証明している。航路はさらに、レスボス島、キオス島、サモス島、イカリア島を拠点とすることができるようになった。ジェノヴァの船はジブラルタル海峡を通ってブルッヘやロンドンにまで行って、貴重なミョウバンを転売した。

　こうした成功にヴェネツィアは無関心ではいられず、ジェノヴァを東地中海から追い出そうと決意した。しかしその望みは革新的なガレー船センシーレのせいで、すぐにはかなえらなかった。この船によって、1298年のクルツォラの海戦でジェノヴァはヴェネツィアに勝利したのである。この勝利は、しかもマルコ・ポーロを

捕虜にできたという点でも重要なものであった。マルコ・ポーロはこのときのジェノヴァでの監獄暮らしを「利用」して、『世界の記述（東方見聞録）』を書くことができたからである。いずれにせよジェノヴァには、社会の平和を確保しうるような政治的組織はなかった。ゲルフ党とギベリン党、平民と貴族の対立はジェノヴァを弱体化させるとともに、ヴェネツィアと戦ったキオッジャの海戦での最終的な敗北の主要な要因にもなった。1381年のトリノ講和条約でヴェネツィアはその優位性を認められ、コンスタンティノープルにおけるすべての特権と黒海での自由な通商権を回復した。とはいえ黒海に対するトルコの圧力はしだいに強まっていき、1世紀後にカッファがオスマン軍に港を開いたときには、ジェノヴァの利益はすでにそこにはなかった。地中海西部を中心として、新たな帝国が生まれたからである。

ジブラルタル海峡から沖合へ

　黒海と小アジアの通商範囲が縮小していくにつれ、ジェノヴァ人は地中海西部とジブラルタル海峡の西側へと向かい、これによって中世最後の200年間に主要な経済勢力の一つでありつづけることができた。

　昔からジェノヴァ人は、チュニス、スファックス、ベジャイア、ボーヌ、コンスタンティーヌに居住し、ヨーロッパ西部に向かう船の寄港地にしていた。ロンドンやサウサンプトンで買いつけた毛織物が、そこで皮革や羊毛、油と取引された。

海洋国家の時代——古代から1492年

　東方では不首尾に終わったが地中海南岸にはライバルが不在なことから、ジェノヴァ人は北アフリカのアラブ・イスラム世界の独占的な船主になっていき、ジェノヴァの船の積み荷の大部分はアレクサンドリア・モロッコ間で取引される品物になった。

　大きな3本マストのカラク船は積載量が軽く1000トンもあり、ジェノヴァに莫大な利益をもたらした。現代のコンテナ船のようなもので、これで大きなハブ港をつなぎ、その後小型船で二次的な港に運ぶという方法で、利益を最大化できた。現在の巨大船と同様、深い海底と適応する港を必要とするため、結果として地中海の大きな対外取引所(エンポリウム)すべてをつなぐ、まさに海の高速道路が誕生していった。

　ジェノヴァの実業家たちは、マグレブの各港だけでなく、マラガやロンドンにも協力者や仲介人をもっていた。またグラナダでは、当時レコンキスタのことしか考えて

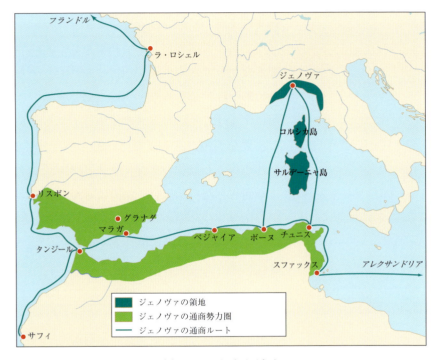

地中海西部のジェノヴァ帝国（13世紀）

いないように見えるカスティーリャ人よりも、ジェノヴァ人のほうが好まれた。ジェノヴァ人は拠点と独占からなる最初の帝国をオリエントに築いたが、同じように第2の帝国を地中海沿岸地帯に築いた。ヨーロッパ北部の船はそこまではあまり進出しておらず、ましてやヴェネツィア人はみずからの伝統的な立場を守るのに忙しすぎた。

　この新たな基盤をえたことによりジェノヴァ人は情報網の中心におかれ、アフリカの金資源の評判をつねづね聞いていた。そこでジェノヴァは、ヴェネツィアが東部で香辛料を独占したように、大西洋に乗りだしてアフリカの金を獲得しようとした。とはいえアフリカを迂回するという夢をいだいたのはジェノヴァ人が最初ではない。人が想像する以上に実際には長いアフリカ航路は、先にみたようにすでにフェニキア人が実現しており、その子孫であるカルタゴ人はアフリカ西海岸の少なくともギニア湾までには定住していた。スーダンの金の流れを手中におさめたいという意欲から、アフリカ大陸一周への挑戦はこの時代から行われていたのである。

　それゆえ1291年にテオドシオ・ドリア、ウゴリーノ・ヴィヴァルディ、ヴァンディーノ・ヴィヴァルディがこの計画に乗りだしたものの、それは彼らの遠い祖先の足跡をたどるものにすぎなかった。彼らは2隻のガレー船を武装し、マヨルカ島とジブラルタル海峡をへてアフリカ沿岸をギニア湾まで行き、そこで消息を絶った。この失敗はしかし当時の活力にブレーキをかけることはなく、14世紀初頭には後のマデイラ島が発見され、「森林でおおわれた島」を意味するレグナムと名づけられた。探検は続けられ、1312年にはカナリア諸島を発見、発見者の1人であるラ

ンツェロット・マロチェロは、みずからの名をランサローテ島に残した。アソーレス諸島全体も発見され、そのうちのひとつの島はジェノヴァ共和国の守護聖人に敬意を表してサン・ジョルジェ島と名づけられた。現在のテルセイラ島はブラジル島と名づけられたが、このブラジルという名は地図の上で旅をしつづけ、最終的に南アメリカ大陸の東側半分の地帯に定着する。

　こうした大西洋遠征は、しかしかなり早くに終わりを告げた。というのもフランスやポルトガル、カスティーリャとの競争が激化したうえ、アラゴン王国も、バレアレス諸島、シチリア島、コルシカ島、サルデーニャ島を征服して、地中海での拡張主義を見せつけたからである。こうした新たな海上勢力が出現する予兆を前にして、イタリアの都市国家はあまりにひ弱であり、元の姿に戻るよう強いられていった。ジェノヴァはしかしアメリカ発見後、巧みに立場を盛り返すことができるだろう。西インド諸島とスペイン間の取引の唯一の下請け人を自任するジェノヴァは太陽の沈まない帝国スペインの銀行家になり、アムステルダムがあとを継ぐまでその立場を守るのである。イタリアのふたつの都市国家はこのように何百年も輝きつづけたが、どちらも革命的な時代の騒乱に押しながされていった。とはいえ両国が準備した新大陸発見により、海上帝国の新たなページが開かれた。つぎには、なぜこの冒険がヨーロッパ人によってなされ、中国やインド、イスラム世界の運命の中にくわえられなかったのかを理解する必要があるだろう。

「カナリア諸島、モロッコと西アフリカの沿岸地帯」、メシア・デ・ビラデステス（マジョルカ島出身のユダヤ人地図製作者）、1413年。

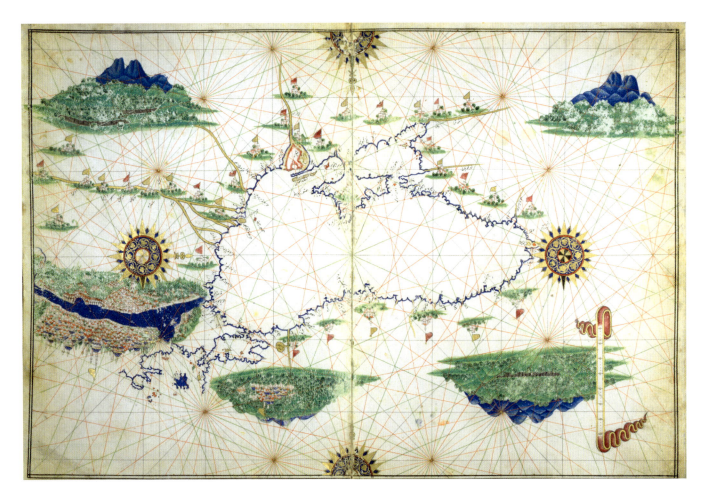

「黒海」、オスマン帝国の地図、16世紀。

イスラムの地、逃した機会

　アラブの船乗りは、技術の面でも世界的な存在感においても、長いあいだヨーロッパ人よりも先を行っていた。アラブ人はアフリカ東海岸のみならずインド沿岸の探検も早くからおこない、マレー諸島や中国まで行って、そのおもな都市にイスラム商人たちの有力な共同体を築いた。しかしこうした通商上の勢力はもっても、権力を握ろうという意思をもったことは一度もなかった。その理由は数多くあるが、ふたつのカテゴリーに分けられる。ひとつは、あいつぐ継承戦争や他国との戦争により政治体制が不安定で、海への野望を継続的に維持することができなかったこと、もうひとつは統治すべき土地が広大であったため、海よりも大陸に目を向けざるをえなかったことである。

海洋国家の時代──古代から1492年

東アフリカの支配者たち

東アフリカにおけるイスラムの存在
(10〜15世紀)

　紅海やアデン湾で非常に活発に活動していたアラブ商人たちは、有利な風が吹くことから自然にアフリカ東海岸に目を向けるようになった。モンスーンと貿易風で冬には南に進み、夏には北東へと戻ることができるからである。船乗りシンドバッドの冒険の話は、ペルシア湾からアデン湾、紅海からインド洋にいたるまで、アラブ商人たちが活動していたことの明らかな証拠である。

　8世紀以降、ペルシア湾沿岸地域の王たちは、象牙やヒョウ皮、織物、木材、さらにそれ以上に東アフリカの奴隷や金を所望するようになった。そのためたとえばオマーンは、パテ島からモガディシュにいたる沿岸に商館を建てていった。つぎには、アッバース朝のスンニ派による迫害を逃れてきたシーア派がとってかわり、モガディシュやブラバに大人数が住みついた。一方おもにシーラーズ出身のイスラム人たちは、モンバサやペンバ島、キルワ、コモロ

の一部に定住、その存在はアンジュアン島でも証明されている。

　アフリカにやってきたイスラム人とバンツー族の混淆によって、まったく独自の文化と言語、スワヒリ語が生まれた。スワヒリ語という名称はアラブ語で「海岸」を意味する言葉から派生したものである。1000年以降通商が活発化し、アフリカ北部の町はインドとの取引に目を向け、南部の町は増大する金の需要にこたえようと、ザンベジ川河口に商館を建てていった。当時競いあっていたのは、モガディシュ、メルカ、ブラバ、パテ、ラム、マリンディ、ゲディ、モンバサ、パンガニ、キジムカジ、ザンジバル島、キシマニ、マフィア島、キルワであるが、14世紀までもっとも中心的な役割を果たしていたのはキルワである。キルワはザンベジ川河口南部のソファラに商館を有しており、これによって金取引を支配することができたからである。ワクワクの名でアラブ人に知られていたマダガスカル沿岸の一部も、結局はこの通商網に組み込まれた。この通商網は15世紀末に全盛期を迎える。

　しかしこのころポルトガル人がインド洋に進出し、数百年続いてきたこうした取引を大混乱させた。通商上の勢力はもっていたが帝国的ではなかったアフリカ東海岸の諸都市は、ポルトガル人に翻弄されていった。

「ソファラの町」、『世界都市図集成』、ゲオルク・ブラウンとフランツ・ホーヘンベルフ、1572年。

「よりよく支配するために分割する」方法を見事に実行できるポルトガル人である。たとえばヴァスコ・ダ・ガマはマリンディと同盟を結び、これが200年近く続く。ヴァスコ・ダ・ガマはさらに1502年にソファラに、1505年にキルワとモンバサに、1509年にマフィア、ザンジバル、ペンバに攻めこんだ。その勢力から逃れたのはモガディシュだけである。

　状況が変わるのは17世紀末、オランダ人がポルトガル人を沿岸から放逐しようと決意し、オマーンの拡張主義を支持したことからであった。かくしてモンバサは1698年、ザンジバルは1699年、キルワは1710年に落とされた。脈絡のない侵攻であったが、これにより当時大西洋に目を向けていたポルトガル人は、デルガド岬の南に押しこめられていく。象牙と奴隷の通商が拡大すると、オマーン・スルタン国はこれらの領地を奪い返そうと意欲をみせ、キルワを1785年に、ザンジバルを1800年に、モンバサを1837年に再征服した。その結果、イギリスがデルガド岬とディウ（インド）を結ぶ線よりも東での奴隷貿易を同盟国や債務国に禁じたときにも、イギリスの保護国であったオマーン・スルタン国は、1840年に首都をマスカットからザンジバルに移転したこともあって支障はなかった。このように東アフリカに根をおろしたことによって、オマーンのめざましい経済発展が始まった。当時支配的だった活動は3つあった。第1は象牙の取引、第2は奴隷売買で、これは第3の分野である丁子農場に欠かせないものであった。丁子は原産はモルッカ諸島（現インドネシア領）であるが、1818年からザンジバルに導入されていた。地方経済のこの第3

イスラムの地、逃した機会

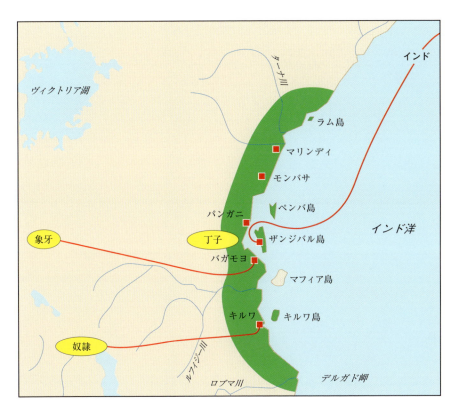

ザンジバル・スルタン国
（19世紀）

の柱は、1840年ごろザンジバルとペンバ島で飛躍的に発展した。輸出の3分の2はインド向けであった。ザンジバル・スルタン国は1856年にオマーンから独立するが、1880年代のアフリカ分割でドイツとイギリスに大陸領土を奪われ、その後の奴隷制廃止で目に見えて衰退した。このザンジバルの盛衰はひとつの地域的な出来事ではあるが、地域的であると同時に世界的な通商が数百年に渡って定着していたことを証明している。たとえば象牙は加工目的でインドに輸出され、その後ヨーロッパや北米に再輸出されていた。

海洋国家の時代——古代から 1492 年

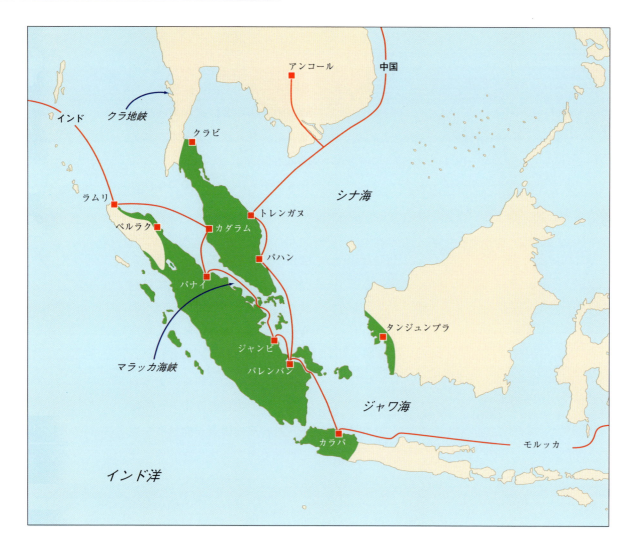

「海洋国家シュリーヴィジャヤ」、11 世紀初頭。

マレー諸島を軸に

　アラブ人はイスラム化するずっと以前からインド洋航路を知っており、ローマ帝国と中華帝国との通商で避けて通れない仲介役を果たしていた。とはいえ東へと大冒険し通商上の支配力を築いていくのは、7世紀から8世紀になってからである。これは勢力であって帝国ではない。というのは、統一的な方針はまったくなく、逆に主導権争いの連続だったからである。

　いずれにせよこの仲介業者たちはイスラム化を進め、織物を支配してオマーン海で活発に活動するグジャラートのインド人商人や、とくに活動網をスマトラやマレー半島まで広げるベンガル人との競合を避けることができた。イスラム商人は同時にマレー諸島にも入りこみ、中国への扉であり香辛料の聖域であるというみずからの役割を強化していった。

　のちのインドネシアを中心にすえた活動は、おそらくいつの時代にも存在していたのであろう。というのも7世紀以降の中国の資料に、スマトラのふたつの大きな港、マラユ（ジャンビ）とシュリーヴィジャヤ（パレンバン）の記述があるからである。マハラジャを首長におくまさに海洋国家であるシュリーヴィジャヤは、マレー人の船乗りによって活気づいた。彼らがクラ地峡を蛇行していく古くからの陸路の代わりに、マラッカ海峡経由でインドと中国を結ぶ海上ルートを開いたことから、シュリーヴィジャヤには、ジャワ島、中国、インド、アラブ・ペルシアの船が頻繁

海洋国家の時代──古代から1492年

にやってきたのである。シュリーヴィジャヤは、マラユを、ついでスマトラ島の沿岸地帯を獲得して周囲の土地を支配しようとし、その後マレー半島やジャワ島西部へとその力を拡大した。しかし1025年、後述するチョーラ朝による攻撃で築いてきたものが倒され、衰退がはじまった。シュリーヴィジャヤは最終的にはジャワ島東部に位置するマジャパヒト王国のジャワ人により滅ぼされる。

そのなかで生き残った人々は、当時ただの漁村だったマラッカに落ち着き、イスラム教に改宗して、インドとジャワの取引で不可避の対外取引所（エンポリウム）として町を築いた。マラッカは丁子やナツメグの産地であるモルッカ諸島へ向かう際の中継地にもなった。シュリーヴィジャヤを再現したようなこのマラッカの町は、その権力をマレー半島の大半、リアウ諸島、スマトラ島の中央東部沿岸地方へと広げるが、それらは1511年にポルトガルに奪われる。

ほかの大きな港はスルタン国家の中心地となり、その国々の勢力がマレー諸島の大部分の島々に及んだ。たとえばアチェ王国は胡椒取引を支配し、

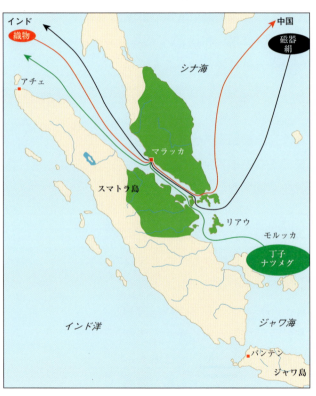

マラッカ・スルタン国の通商ルート
（15世紀）

イスラムの地、逃した機会

インドとイスラムの交易の中心地になった。ブルネイは1522年に築かれ、テルナテ王国とティドレ王国も16世紀初頭に生まれた。ジャワ島では、胡椒取引の大きな港であるイスラムのバンテン王国が1550年代から大きく発展するが、その後オランダが丁子の栽培をティドレ島の南のアンボン島に集中したことから倒された。ヨーロッパ人の入植の影響はすぐには出なかったものの、避けられないものであり、当時の大帝国の中にこの地域に対するポルトガルの野心をさまたげようとした国はひとつもなかった。マムルーク朝は戦う意欲をみせ、エジプト艦隊は1508年にチョウル（インド）沖で初めて勝利するが、その後すぐ1509年にディウ沖で敗北し、

16世紀のマレー諸島のスルタン国

海洋国家の時代──古代から1492年

インド洋を西洋の野心にまかせた。サファヴィー朝ペルシア、モンゴル帝国、オスマン帝国は広大な領土を守るのに忙しく、海への冒険にはのりだせずにいた。唯一イスタンブールだけが例外的に東地中海に進出したが、それは本質的に陸上を理由とするものであった。

地中海の前線

イスラムの地中海への大攻撃は、はじめは海上での支配力を確立しようというよりも、略奪のようなものであった。こうした活動はアラブの小型船団のトレードマークのようなもので、この船団は「バルバリア海賊」の異名をとるほどであった。プロヴァンス地方やイタリアの沿岸地帯で行った襲撃は、征服というより強奪だったからである。ここにみられるイスラムの海上勢力の基盤不足は、十字軍の際にはなによりきわだっていた。というのも、聖地に向かうヨーロッパの十字軍船団は海で戦う必要はまったくなく、せいぜい孤立した船を攻撃する海賊を

コンスタンティノープル攻囲
（1453年4月〜5月）

「金角湾」、細密画、レヴニ
（1680〜1732）。

イスラムの地、逃した機会

警戒しなければならない程度だったからである。すべてを変えたのはオスマン帝国である。初期の陸上征服を終えると、スルタンたちは領土拡大のためには船団を所有することが必要であることを認識した。首都だけに縮小したビザンティン帝国は、それを唯一の理由にイスラム勢に抵抗した。黒海にも地中海にも点々とならんだ、イタリア都市国家の商館も同様である。

ついにコンスタンティノープルを奪おうと考えたオスマン帝国のメフメト2世は200隻の船を集め、海上での立ちまわり方を知る唯一の方法として、キリスト教からイスラム教へ改宗した者を何人も乗せた。しかしいずれにせよ海上封鎖は、舷に大砲をそなえたジェノヴァ船には効果がないことは明らかであった。それでもスルタンの意欲がそがれることはなく、金角湾を封鎖する鎖をこわすことは不可能とみると、敵を背後から倒そうと、船団の一部をガラタの丘を経由する陸路で運ばせた。こうして70隻近い船を約1500メートルにわたって、牛や人間が引いて歩いた。そして1453年5月29日、コンスタンティノープルは陥落する。

オスマン帝国にとって、あとはビザンティン帝国の遺産と、長い時間をかけて獲得されていったイタリアの領地を征服するだけであった。コリントスとパトラスは1458年に陥落するが、ペロポネソスを完全に手中におさめるのは1461年になってからである。この年にはシノペとトレビゾンドも征服した。エウボイアとスクタリは、1473年にオスマン帝国の手に落ちた。さらに1522年にはロドス島が陥落し、ついにドデカネス諸島の聖ヨハネ騎士団の所有地はすべてあけわたされた。こうし

海洋国家の時代──古代から1492年

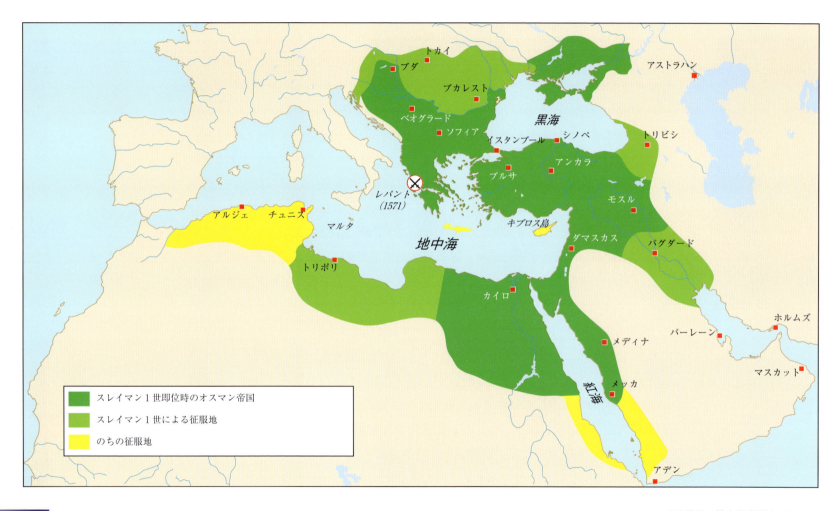

16世紀、地中海東部のオスマン帝国の勢力。

てイスタンブールとエジプトの関係はより確かなものになった。

　オスマン帝国はビザンティン帝国の衣装を身にまとい、東地中海をオスマンの湖にしようとした。1520年に権力の座についたスレイマン1世は、アルジェ首長で1534年には提督の称号を得た大海賊バルバロス・ハイレッディンに船団の指揮をとらせて、この転換期を牛耳った。この海への意欲はすぐに実を結んだ。教皇パウルス3世の後ろ盾を受けて集まったキリスト教船団は、1538年にダルマチア沖のプレヴェザで敗走、一方ヴェネツィアはエーゲ海の拠点をほぼすべて失った。オスマン船団は1565年のマルタ包囲戦では失敗するものの、エーゲ海におけるジェノヴァ最後の要塞、キオス島を奪った。1571年には、ついに東地中海におけるヴェネツィア最後の砦キプロスを落とす。しかし同じ年の10月8日にレパントの海戦で敗北したことによって、西の海へと向いていたオスマン帝国の野心は終わりを迎えた。それは以前1509年にポルトガル人を追い払おうとしたマムルーク朝エジプトの船団が、ディウで敗北してインド洋をあきらめたのと同じことであった。

　じつをいうと、オスマン帝国はビザンティン帝国の後継者として、この上なくふさわしい存在であった。征服の軸を選べないためにすべてを守ろうとし、結局すべてを失うのである。オスマンの後継者たちは極東に向けたもうひとつの歴史を生み出すこともできたかもしれなかったが、ヨーロッパやペルシア、さらにはロシアの前線と対決する必要から、海上の野心をすべてなおざりにせざるをえなかった。

海洋国家の時代——古代から1492年

「1537年、ディウ包囲戦での
スルタン・バハードゥルの死」、
『アクバルの書』、17世紀初頭。

インド、断固として大陸的

　インドはそれだけでひとつの大陸である。この巨大性が海への野望を育めなかった理由のひとつである。唯一の例外であるチョーラ朝の帝国も、その支配は一時的かつ周辺にかぎられたものであった。

古代の伝統

　インド人は古くから海上を行き来していた。メソポタミアの碑文には、紀元前3千年紀のアッカド王サルゴンの時代からインダス川流域の商人の記述がある。そうした商人は銅や木材、象牙、真珠、金の取引もしていたが、長いあいだインドの交易の基盤となっていたのはラピスラズリである。アフガニスタン北部で採れるこの石は、世界最古の埠頭を有するグジャラートのロータルに向けて運ばれ、そこからさらにオマーンやバーレーン、メソポタミアへ送られていた。

　この海への志向は紀元前4世紀からはマウリヤ朝の下で政治的に組織された。チャンドラグプタ王は航路専門の省または部門をもち、一方アショカ王は海路でギリシアやシリア、エジプト、キュレネ、マケドニア、エペイロスに外交使節を送っている。使節はローマが台頭するとともに増加していった。というのも使節が6回以上ローマ帝国に赴いているからである。ストラボンはパーンディヤ朝の王が派遣し、アウグストゥス帝がアテナイで迎えた最初の使節について記述しているが、それ以外でもセイロンから来た使節がクラウディウス帝、トラヤヌス帝、アントニヌス・ピウス帝、ユリアヌス帝、ユスティニアヌス帝と面会している。

　こうした動きは活発な交易を証明するものである。プリニウスはローマ帝国がインドの商品を買うために毎年100万セステルスの金を浪費すると嘆いたが、ヨーロッパはワインや陶器を除いて、インドのものと交換するほどのものをもっていなか

インド、断固として大陸的

マウリヤ帝国
（前3世紀）

った。インドから送られた「宝物」は、香辛料、香料、宝石、上質な布、珍しい動物（サル、オウム、クジャク）や闘技用の動物（トラ、ライオン、ゾウ、水牛）であった。

紀元前187年にマウリヤ朝が失墜すると、交易は東、とくに中国のほうへと向かい、チョーラ朝はこれによって利益をえていく。

チョーラ朝の黄金時代

タミル系のチョーラ朝は6世紀前半からマレー諸島やインドシナと盛んに海上取引をおこなった。これにより彼らの王国はインド亜大陸中で最も繁栄し、後の強国への基礎を築いた。チョーラ朝は9世紀から10世紀のアーディティヤ1世とパラーンタカ1世の時代にめざましく発展し、ラージャラージャ1世とラージェーンドラ1世の統治下の11世紀半ばまでが最盛期であった。ラージャラージャ1世はセイロン北部とモルディヴを征服し、ラージェーンドラ1世はセイロンを制覇するとともに、勢力をガンジス川デルタ地帯まで広げた。さらに1025年にはシュリーヴィジャヤに大遠征隊を送っている。王はここを足がかりに東南アジアの沿岸地帯の広い範囲にも手を広げ、ナーガパッティナムとカンチプラムという自国のふたつの大きな港

海洋国家の時代——古代から1492年

町での取引を安定させた。その船はインド洋北部を縦横に走り、香辛料や綿花、宝石を中国に輸出し、中国ではアラビア向けの絹や鉄を積んだ。

　しかしこの帝国は束の間のものであった。チョーラ朝は1070年以降セイロンから放逐されると同時に衰退をはじめ、同じくインド亜大陸の海軍全体も衰えた。その理由はアラブ人との争いということもあったが、それよりも大きかったのは法と同等の力を獲得した宗教者の命令である。ヒンドゥー教は航海を禁じ、それを絶対的な規範とした。「黒い海」を渡ることは不純になる危険へと向かうことであり、その不純は自分のカーストを失う原因となる。そしてその結果、自分の共同体から追放されるというのである。こうしてインドが去ったことで海はアラブ商人へと受け渡されるが、その後ヨーロッパ人が通商網全体を手にしていく。

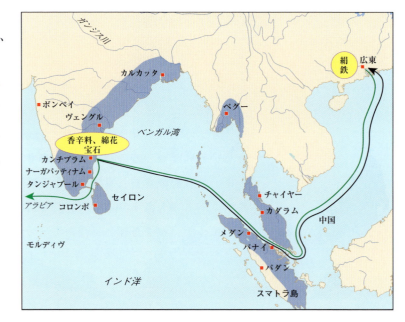

チョーラ帝国
（11世紀）

インド、断固として大陸的

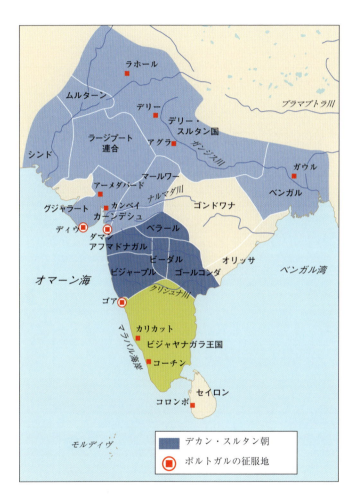

ビジャヤナガラ王国とインドのスルタン国（15〜16世紀初頭）

イスラムの中継地

　ヒンドゥー教徒は海上に出ることを拒否したとはいえ、取引からも手を引いたわけではない。グジャラートのイスラム商人は、ヒンドゥー教徒やジャイナ教徒の資産に助けられ、また当然ながらしっかり組織化された輸送網という支えがあったおかげで、15世紀後半になってもカンベイ湾を拠点にインド洋の海上貿易を支配することができた。

　当時新しいヒンドゥー教の王国、ヴィジャヤナガラ王国の領域であったマラバル海岸は胡椒の大供給地で、アデン湾やオマーンから来たアラブ商人と、スマトラやマラッカから来た中国人商人（またはその仲介者）との大取引地帯になった。イスラム商人はおもに香辛料取引に従事し、南インドの各港を倉庫や市の立つ町に変えた。その結果、そこにはインド洋全体から商人や船乗りがやってきた。

　1498年にヴァスコ・ダ・ガマがカリカットに

海洋国家の時代――古代から1492年

到着すると、軌道に乗っていたこの構造が混乱する。インド初のイスラム国家の生き残りであるデカン朝やグジャラートのスルタン、そしてデリー・スルタン朝は、この不気味なポルトガル人たちをはばむためにマムルーク朝軍に助けを求めるが、この船団は1509年にディウ沖で敗北する。こうしてポルトガル人による征服への道が開け、1510年にゴア、1511年にマラッカ、1515年にホルムズ、1535年にディウ、1539年にダマンが征服された。バーブルは各地を制圧した後にムガル帝国を建国したが、それも強力な船団の発展にはつながらなかった。中央アジア出身の君主たちは、いつの時代にも海洋よりも伝統的な侵略路である北西にばかり気をとられていたからである。たしかに何らかの反応をしたことはあるものの、あまりに散発的であったり、挫折したりであった。たとえばザモリン王はポルトガル人の侵入を阻止することに成功したが、その後結局は手下の大提督に裏切られる。

ムガル帝国皇帝の勢力に対してヒンドゥー教者として立ち上がったマラー

「カリカットのヴァスコ・ダ・ガマ」、ホセ・ベロソ・サルガード、1898年。

インド、断固として大陸的

17世紀のマラーター王国
とムガル帝国

ター王国は、1674年の建国当初から大砲を備えた海軍を有していたが、ときすでに遅すぎた。インドは結局、断固として地上にとどまった。これは一般に思われているよりもはるかに海上へと向かった中国とは対照的である。

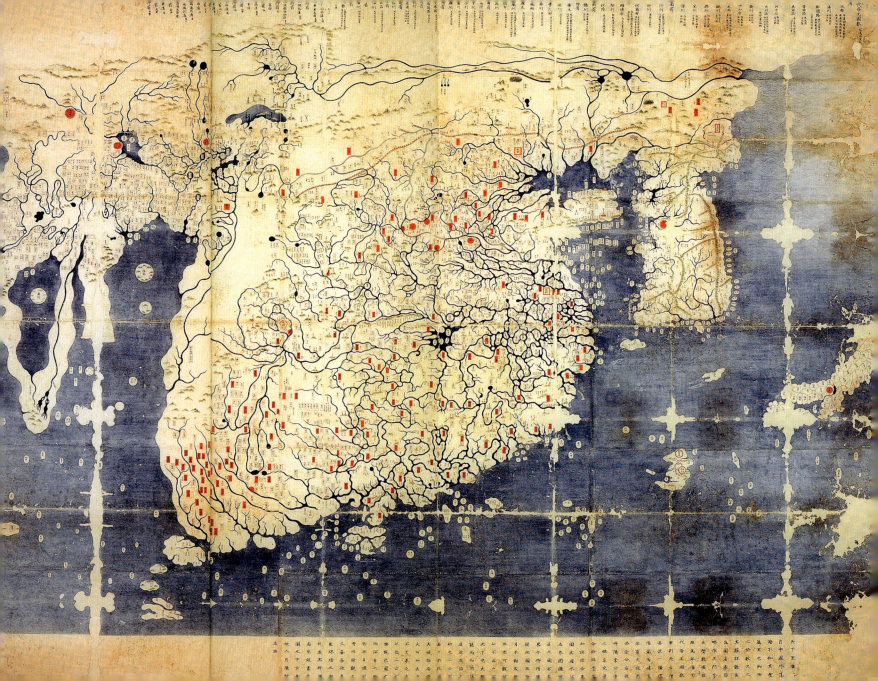

おりあしき中国

　現代では想像しづらいが、中国は漢の時代には東南アジア全体にわたる大規模な海上取引をおこない、唐の時代にはペルシア湾や紅海との関係が盛んであった。この活力は宋の時代にさらに勢いづき、この時代の中国は軍事的にも通商的にも真の海上勢力になった。そこで獲得した技術をさらに強固にした元朝は、自分たちの世界制覇の夢には海という段階もへなければならないことを認識した。つぎの明の時代は退却の時代である。国内市場はたしかに飛躍的に発展し自給が可能であったが、それだけでは他国との関係を制限しようという意思は説明できない。この現象のなかでは、新儒教が少なくとも同じぐらい重要な役割を果たしていた。それゆえ鄭和がおこなった海外遠征も、新大陸発見という転換期にのりおくれた海洋国としての中国にとって、付随的な最後の火として現れるのみである。

漢と唐の通商の発展

　いつの時代にも中国は、近寄りがたく神秘的な、神々の島の領域として海をみてきた。しかも海岸線には、今なお神々に捧げられた島が点在する。たとえば福建省沖の湄州島は、航海の守護神・媽祖をたたえる地である。とはいえ頻繁な河川航行には出口が必要であり、早い時期から海上へ出ていくのは自然なことであった。以後広い舞台で多くの取引がなされ、中国は日本に仏教だけでなく、贅沢品、香料、香、薬などを送り、代わりに金や銅、銀、鉄を獲得した。

　中華帝国の商人は、漢の時代に生まれた大型船のおかげで、もっと遠い東南アジアへと乗りだしていった。紀元前111年に征服された番禺（現在の広東）から出発して、中国は国際取引へと乗りだした。中国商人たちはマラッカ海峡またはスンダ海峡を通ってコロマンデル海岸やセイロンへ行き、そこでインド人やアラブ人に引き継いで、紅海、ペルシア湾、ナイル川の運河まで荷を送った。中国が輸入したのは、イスラム世界の特産であったガラス製品、香辛料、貴重な木材、松脂で、輸出したのは、漆や絹製品、磁器である。

　このようにインド洋に進出したことから、中国はもうひとつの帝国、ローマ帝国に出会った。シナ海上での密な往来により、地中海における「分身」に会ったわけである。このふたつの巨大な経済の軸は、以後実

漁師を救う女神・媽祖

り多い通商関係を結ぶ。

　この交易をきっかけとして、中国人が大量に外国に移住するようになるとともに、外国人も数多く中国に住みつくことになった。こうして揚州や広州にはイスラム共同体がいくつか形成され、時代がさらに進んだ13世紀から14世紀になると、こうした町はきわめて国際的な様相を帯びる。とはいえ先を急ぐのではなく、中国が歴史上最も海洋に乗り出した時代のひとつ、宋の時代に目を向けよう。

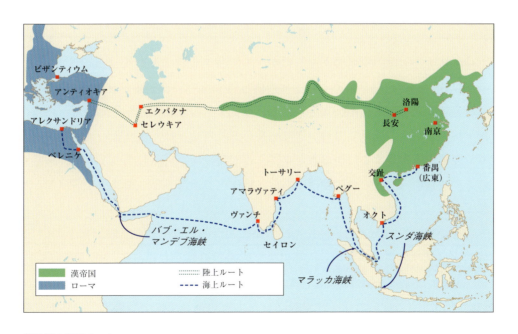

漢時代の通商ルート
（前2～後1世紀）

南宋の海への冒険

「清明上河」、張沢端（1085〜1145）。

　宋は960年から1279年まで支配したが、中国全土を統治したのは1127年までで、その後は揚子江の南部を統治した。その南宋は北部の領地を金に奪われたものの、肥沃な土地の大半と人口の60％を維持し、そこを含む地帯に力をそそいだ。彼らはまた一種の印刷術を発見したおかげで知識を普及させ、数えきれないほどの領域で数々の変革を生み出すことができた。こうして新技術が続出したことから、あきらかにこの時代のもうひとつの特徴である、外洋への進出へとつながっていった。中国海軍はキリスト時代初期から存在し、主に河川を利用していたが、南宋はそこに全く新しい次元をくわえた。1132年に定海に司令部をもつ初の常設海軍を創設し、装備の面（ギリシア火薬と黒色火薬により火炎放射器が登場、その他榴弾、火器、大砲、地雷）でも航海術の面でも、先進的なことをすべて実現していくのである。

　1161年の唐島の戦いと揚子江で行われた采石の戦いでは、数の上ではるかに勝

る金の海軍に対して勝利をおさめたが、これは海戦術で優位に立っていたからにほかならない。新たに生まれた外車船に投擲器を積み込み、そこから黒色火薬を詰めた爆弾を放ったのである。この軍は創設から100年後には5万2000人の海兵を数え、中国を外海へ向けて発展させた。革新的なものが熱狂的に受け入れられ、閘室のある水門から防水隔壁付の船室、羅針盤、さらには地図の利用もしだいに普及していった。灯台や倉庫を建設して港を改良する大規模工事がおこなわれ、船体が長方形で舵軸をそなえた大型ジャンク船が誕生した。6本のマストと大きな帆をもつこの船は積載量も大きく、通商関係の発展の源となった。

　鉄、剣、絹、ビロード、磁器がアデンで引き渡されてメソポタミアまで運ばれ、一方真珠や象牙、サイの角、香、サンゴ、カメの甲羅が輸入された。ジャワ島の薬草やチョウセンニンジン、銀、銅も同様。外洋用大型ジャンク船はインド洋全体を縦横に行き来し、モンゴルの侵略を受けてもその勢いは止まらなかった。

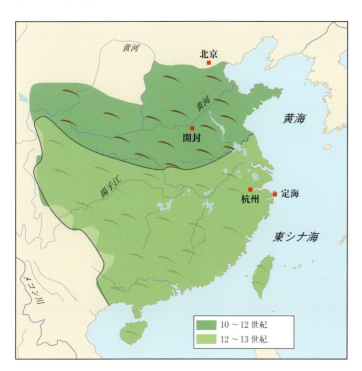

宋時代の中国（10〜13世紀）

「蒙古襲来絵詞」、福田大華、1846年、1293年の作品の模写。

元のアジア征服

　モンゴル人の王朝元は、1271年から1368年まで中国を支配した。ステップを征服したこの遊牧民は海がもたらす利益をすぐに理解したため、沿岸地方の地図作成術がこの時代にめざましく発展した。元はあらゆることに興味をもち、南宋の領土全域を確実に支配する以前から、すでに船団を所有していた。この海軍の力によって、フビライ・ハーン（在位1260～1294）はその野心を満足させることができた。まず日本からはじめるということで1274年に大艦隊が集められ、部隊は九州に上陸、日本人と戦うが、船を脅かす「カミカゼ」のせいで船に戻らざるをえなかった。1281年の2度目の遠征でも同じ理由で博多湾で失敗し、偶然が神のしるしのようになった。

　フビライ・ハーンの海への野心はそれでも減じることはなく、1285年にはインドシナの制圧を目指して陸・海を統合した襲撃を展開し、成功をおさめた。一方1293年には、ヨーロッパへの扉であるジャワ島支配を目的とする遠征軍を新たに派遣した。しかし偉大なるハーンの死は元朝の衰退を告げ、明朝時代へと道が開かれる。

明の後退

　明王朝を興した洪武帝は、毛沢東にかなり似ている。貧しい農民だった洪武帝は妄想的だったため秘密警察である錦衣衛を創設、これが後に10万人近い人々の粛清につながる。もうひとつの共通点はどちらも同じような退却への欲求をもっていたことで、新大陸発見という転機にのりおくれたこともこれによって説明される。とはいえ洪武帝は、宋や元が獲得した海上知識をさらに高めることができた。たとえばポーヤン湖での決定的勝利は、爆薬を積んだ火船を敵船に向けて放ったおかげであった。

　跡を継いだ永楽帝は1405年から1433年の間に7回、宦官である鄭和を遠征に行かせることで、海洋への野

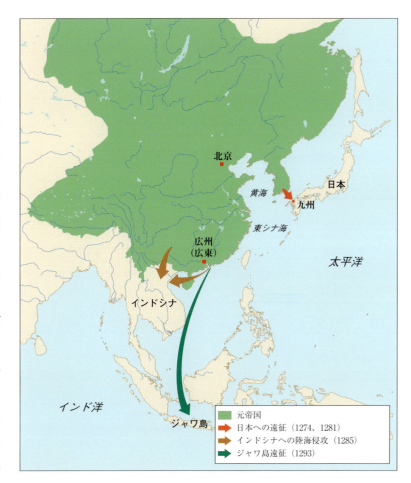

元帝国（13世紀）

心をあらわにした。それは外交的な威信をかけた航海であり、当時の最先端技術をすべて詰め込んだ200隻の船を作る必要があった。こうして完成した船は、水漏れや火災に備えるため船倉の仕切りを完備するとともに、羅針盤やコンパス、地図の利用によって、海岸線図上の目的地に比類ない正確さで達することができた。先頭に配置されたのは幅55メートル、長さ130メートルでマストが9本の旗艦で、約100隻の船と数万人の乗組員がこれに続いた。

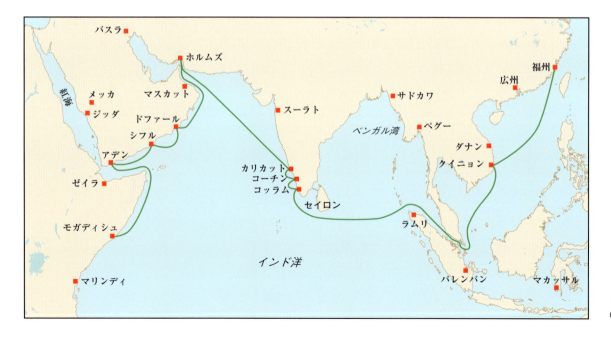

1405年〜1433年の鄭和の遠征

中国のジャンク船

アラビアの船

　編年史家の馬歓の記述によると、これらの航海でベトナムやマレー半島、スマトラ、マラッカ、シャム、セイロン、インド沿岸、ホルムズ海峡、アデン、ジッダ、さらにはアフリカ東海岸にまで到達している。

　しかし永楽帝とその寵臣が没するとこの海への野心はおさまり、外へと開かれた扉は閉じられる。遊牧民による侵略の脅威はたしかにひとつの理由であり、北部の国境に力を集中したのもそのためであった。同時に、国内市場はすぐに自給自足状態になり、外国と関係をもつ重要性は相対的に小さくなった。とはいえ一番の理由は、新儒教の普及にあるだろう。1436年頃に皇帝がみずからの船団を焼こうと決意し、2本マスト以上の外洋向けのあらゆる船の建造を禁じたことが、それを証明している。1480年に軍事担当大臣・劉大夏が大遠征の資料を破棄したことも同様である。中国は技術的にも財政的にも新大陸発見を実現しうるだけの力をもっていたであろうが、このように退却したため、それがヨーロッパがこの面で勝利する直接的な原因となった。この退却はまた、もっと早々に表れる影響ももたらした。日本による海賊行為の拡大である。

ヨーロッパの船

インドの船。『フラ・マウロの世界図』。1459年

「1185年 壇ノ浦の戦い」、歌川国芳の木版画、19世紀。

日本、襲撃とカミカゼのあいだ

　島国である日本は、海のほうに向かう以外なかったが、強力な中央権力がないことからその色合いは特殊であった。封建制度の混迷でそれぞれの地方領主が一族の首領となり、朝鮮、次いで中国に対する破壊的な襲撃を率いた。この国は初歩の航海技術を発展させることができず長いあいだ平凡な船を作っていたが、とはいえその力を最大限生かすことはできた。豊臣秀吉とそれに続く徳川家のもとで国家統一を果たしたのと時を同じくして、ヨーロッパ人が何人も訪れ、実りの多い交易がはじまり、西洋の文化や技術に対するあくなき好奇心が明らかになった。この国はこうしてはるかに広い世界へと入りこんだが、その後キリスト教の勢力拡大によって結局は鎖国へといたる。

海洋国家の時代──古代から1492年

優れた船乗りだが船づくりは未熟

　島国日本は資源を求めて大陸に目を向けた。関心の対象は朝鮮から中国へとうつり、それによって仏教や稲作をはじめとするさまざまな技術がもたらされた。もっと広くいえば、日本はひとつの文明を同化し自国のものとすることができたのである。

　大陸との密な商取引や外交のやりとりは、大和時代から証明されている。これは日本が初めてしかるべき情報をえたうえで朝鮮に侵略した、663年ごろの時代である。唐に追い払われた日本は「静かな朝の国（朝鮮）」の支配をあきらめなければならなかったが、この朝鮮を第2次大戦末期まで標的としつづける。

　当時の日本の船は単純な平底船で、距離をおいて弓矢で対決した後にはかならず体と体のぶつかりあいになった。したがってこれは外洋に出るための船ではないが、それが何世紀にもわたって使われた。この種の船は、日本の武家同士が対決した何度目かの戦いである1185年の壇ノ浦の戦いでも使われた。

　唯一革新的なものとして大きかったのは、16世紀末に現れた装甲船である。大砲と銃を装備したこの船は、しかし海上の要塞というレベルにとどまった。

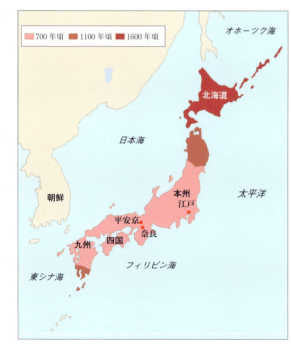

日本の統一

このように初歩的な船舶知識しかないということで、モンゴルに対する２度の勝利の「奇跡的」な性格は、よりいっそう強調される。フビライ・ハーンはみずからの宗主権を認め貢物を納めなければ侵略すると命じる書状を日本に送ったが、返事はないままであった。そこでモンゴル軍は1274年に上陸しすぐさま九州の一部を占領したが、その艦隊は猛烈な嵐にあい、大陸と断絶する恐れから船に戻らざるをえなくなった。1281年にも同じように、「カミカゼ」のせいでモンゴルによる２度目の日本侵攻は失敗した。この最後の侵略計画は役割の逆転を予告するものとなった。今度は日本が封建社会の混迷から海賊的な企てをはじめ、数百年間にわたって朝鮮、ついで中国の沿岸部を荒しまわるのである。

倭寇

　戦国時代には沿岸地方の小領主が周囲の無秩序状態に目をつけ、支配下の農民や漁民を使って略奪隊を組織した。こうして３世紀（14～16世紀）近くにわたる、倭寇が恐怖をまき散らす時代がはじまった。
　当然ながら一番の標的は朝鮮であり、1350年からたびたび徹底的な襲撃がおこなわれた。それは、内陸部まで深く入り込み、穀物倉や金になる人質、あるいはたんに奴隷をさがすという、ヴァイキングのような方法のものであった。首都である開城は何度も略奪を受け、平壌も急襲された。朝鮮側の記録によれば、1376年か

「蒙古襲来図」、菊池容斎、1847年。

海洋国家の時代——古代から1492年

ら1385年の間に数百隻の帆船と数千人の戦士によって、174回以上の攻撃がなされたという。

　元朝末期には倭寇は中国のほうへ向かった。報復として明は日本との交易を禁じたが、それは逆効果であった。中国の商人は活動を続けるため倭寇と結託し、彼らに情報をあたえ、沿岸地方を荒して揚子江をふたたび上れるようにしてやったのである。このように貿易船を撃退しようとしたことで、陸上の襲撃が放置される結果となった。絹、貨幣、美術品を一番のねらいとした海賊行為は東南アジアまで広がり、国際取引の航路にまで入っていった。

　よくあるように、この災いの解決方法は陸地で見出された。秀吉は1588年に農民から武器を没収し、封建領主である大名に海賊行為を禁じた。こうして誕生した新たな日本は、今度はヨーロッパ人の到来を前にみずからの態度を決めなければならなくなる。

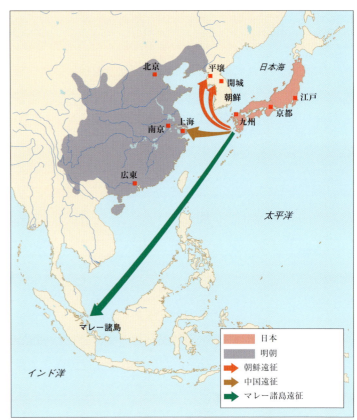

日本の襲撃
(14〜16世紀)

ヨーロッパ人の到着

　秩序を確立して日本の歴史にひとつの区切りをつけた秀吉は、海賊行為対策のほかに、国を統一し、朝鮮出兵を2度試みることで伝統的な日本の拡張政策を再開した。同じく慣例的に中国は朝鮮を支援に来て、1592年の最初の攻撃はかなりあっさりと、2度目のほうがやや手こずるものの、撃退した。1598年に中国が勝利したのは、中国が海を支配していたからにほかならない。中国は侵略者の補給ラインを断ち、退却を余儀なくさせたのである。

「長崎でのポルトガルのカラク船」、南蛮美術、17世紀。

　秀吉が没すると徳川が権力の座につき、1868年まで支配を続けた。徳川は領土拡張の道筋を描き、1609年には琉球南部の島々を奪った。さらに興味深いことに、ポルトガル人がやってくると交易という新たな世界へ入り込んだ。中国に直接貿易を頑なに拒否されていた日本は、仲介役を果たすというポルトガル人の申し出を受け入れた。以後中国の磁器や絹製品は、マカオ経由で日本の銀と

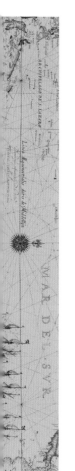

取引されるようになる。

　新たにやってきた人々の影響を積極的に受け入れる日本は、ヨーロッパの技術の助けによって外洋用のガレオン船づくりに乗りだし、旧大陸の強国の敵対関係の中にまで入り込んだ。日本は1606年にはマラッカをオランダの攻撃から守るためポルトガル側につくが、1637年にはフィリピン侵攻計画の支援をオランダ人に頼んでいる。

　しかしこの遠征は島原でキリスト教徒の反乱が起こったために中止された。島原の乱は翌年に長崎近くで約3万7000人を虐殺して終結するが、この出来事をきっかけに、日本は外国の影響から身を守るために鎖国へと向かう。遠洋船は燃やされ、日本人は領土外に出ることを禁じられた。ヨーロッパ人との関係は、長崎港の小さな島、出島だけに居住を制限されたオランダ人を通してのみ維持された。

「島原の乱末期の原城攻囲の図」、日本画、作者不詳、17世紀。

植民地の時代──
新大陸発見〜1945年

植民地の時代——新大陸発見〜1945年

序文

「ピサ図」、西洋で生まれた最古のポルトラーノ海図、1290年頃。

　新大陸発見のもともとの発端は金への渇望にあった。ヨーロッパはケルト人の時代から貨幣経済に行きついていたが、金属としての安定性とその稀少性のために確保される金と銀は、どこにでも平等にあるものではないという現実に直面していた。旧大陸は銀は豊富だが金は少なく、オリエントはその逆である。西洋はいっとき為替手形や信用貸しなど一時しのぎの手段を見つけるとともに、ヴァイキングや十字軍による略奪のおかげで、貯めこまれていた金がふたたび流通にまわるという恩恵もこうむった。とはいえ量がたりないことから、普及にはブレーキがかかっていた。そのためヨーロッパ人は航海技術の進歩を利用して、金をその源であるアフリカやインドまで探しに行こうとした。

　13世紀初頭には帆船やオール船に文字通りの革新が起こった。第一に、バルト

植民地の時代──新大陸発見〜1945年

海や黒海の造船所で船尾舵が考案されたことによって漕ぐ力が増し、あきらかに船の操作がしやすくなった。それに艤装の進歩がくわわり、弱風を味方につけることも逆風を進むこともできるようになると、大航海が可能になった。さらに新しい進歩として、ブルターニュ地方で「平張り」という造船技術が生まれた。これは船体に張る木材を縁と縁を合わせて継ぎ合わせるというもので、これによって船の操縦のしやすさが改善し、速力が上がり、積載量が増大した。ポルトガルやカスティーリャのカラベル船はこうした新技術をすべて取り入れていた。

　外洋向けの船が使えるというのは重要なことではあるが、方向が分かることも必要である。そこでヨーロッパ人は中国の羅針盤を改善し、磁針を藁で包んで、水をはった鉢の中に軸で固定して浮かべた。これは12世紀半ば以降普及するが、地図学の進歩がなければなんの役にも立たないものであった。

　地図にかんしては、実際進歩は遅れていた。その原因は、キリスト教の象徴主義によって、エルサレム、すなわちオリエントを上のほうに描かなければいけなかったことにあった。この伝統を断ち切ったのがポルトラーノ海図で、これは即座に確かめられる方向、つまり北極星と羅針盤が示す方向を優先するものであった。

　知られている最古のポルトラーノ海図は、1290年代のピサ図と言われるものである。この海図でも地中海はかなり正確に描かれているが、より正確な海図が登場するのは14世紀になって

からである。当時の地図には地中海や黒海だけでなく、ジブラルタル海峡の北と南の大西洋沿岸、北アフリカや発見されたばかりの島々の形状とともに、コンパス図も描かれていた。

　この分野で優位に立っていたイタリアに対して、すぐさま競争相手が現れた。カタルーニャではアラゴン王ペドロ4世が支援してユダヤ人共同体に地図製作をさせ、すべての船長は船上で少なくともふたつの海図を用いるよう命じた。ポルトガルではエンリケ航海王子が地図製作学校を創設し、その兄のドン・ペドロは新旧の地図を求めてイタリア中をまわった。さらに、ポルトガルではインド院が、次いでスペインではインド商務院が、同じような目的、すなわち地理にかんする情報を中央に集め、総合的・組織的に地図を製作するために創設された。

　同時にこうした情報がすべて戦略上重要であることが認識され、ポルトガルのマヌエル王は赤道の向こうで発見された土地に関する正確な情報や数字の公表を一切禁じた。

　こうした最低限必要な技術が満足のいくものになると外洋への冒険をはじめることができるようになり、まずはアフリカをまわり、思いがけずアメリカにも到達した。西まわりでインドのほうへ向かうというのは新しい考えではなく、すでに紀元前

「フリュートと呼ばれる船」、『百科全書』に掲載されたオランダ船。

植民地の時代――新大陸発見～1945年

　2世紀に古代の文法学者マロスのクラテスが考えたことではあるが、未知の大陸を発見することなどまったくの夢物語のように思われていた。しかしこの発見によって産業革命が可能になり、数世紀にわたるヨーロッパの世界制覇が確かなものになった。産業革命は旧大陸の国々に、長きにわたる確固とした優位性をあたえた。蒸気船は最初の手探り状態ののち1838年に初の大西洋横断を成功させ、そのかつてない正確さで帆船にとってかわった。さらに軍事分野では、装甲艦や潜水艦が初めて登場する。

　ヨーロッパによる征服を説明する最後の要素は、通信機である。蒸気船同士をつなぐ瞬時の通信によって援軍をすばやく送れるようになったことから、海上戦略に革命が起こったのである。世界帝国の時代の幕開けだ。

ポルトガルの夢

　ポルトガルは不思議な国である。地中海を中心とする大通商路からはずれた位置にあり何の資源もないこの国が、どうしてインド洋と大西洋のふたつの帝国を築くことができたのだろう。たしかに幸運な要素があり、エンリケ航海王子の積極的な政策もあった。しかし主要な原動力は、おそらく金探しや人々の征服というなかに見出されるのだろう。要するに金儲けと新たな信者獲得という目的によって、大海に向けたヨーロッパ最大級の冒険が実現したのである。

植民地の時代──新大陸発見〜1945年

再征服と征服
（レコンキスタ）（コンキスタ）

　ポルトガルの海上帝国はアヴィス王朝と一体である。この一族は国土回復の願いともっと現実的な金儲けの野心とのあいだで揺れていた。アヴィス朝の創始者ジョアン1世の統治がこのイメージである。この君主は1415年にイスラムの要衝であるセウタ征服へと出発するとともに、有名な三男のエンリケ航海王子には、通商を目的としたアフリカ大陸沿岸開拓政策を進められるだけの資金をあたえたのである。

　こうした長期間にわたる冒険にかんして、ポルトガル人はかなりの利点に恵まれていた。ポルトガルにはスペインのようにもはや解放すべき領土はないうえ、その地理的状況によって、イベリア半島のイスラム教徒から知識を得ることができた。イスラム教徒たちは彼らに古代からの航海上の発見を伝えた。天文学や数学、改良された天体観測儀、地理の知識などである。それと同時に、船尾舵や羅針盤、ポルトラーノ海図、ラテン帆の採用などによって航海技術も改善されていった。

　こうした無視できないいくつかの要素に、おそらくもっと決定的な要素がくわわった。ジェノヴァ人の役割である。ジェノヴァ人はすでにみたよ

「セウタ征服時のエンリケ航海王子」、タイル画、ジョルジェ・コラソ。

ポルトガルの夢

うに大西洋上の通商で新勢力となったが、この通商で中心的な役割を果たしたのはポルトガルであった。ポルトガルはジェノヴァ人が東地中海とバルト海や北海を結んでラシャと香辛料の取引をする際に、その中継地点になったのである。ポルトとリスボンには当時ジェノヴァ人の入植者がかなりの数存在し、外洋に慣れたポルトガル人漁師を頼みにしていた。さらに初期のポルトガル君主たちは自国の若き海軍を、大部分ジェノヴァ共和国出身の提督にゆだねることによって、この深いつながりを強化した。こうした関係から、ジェノヴァ共和国の資産はアフリカ迂回をめざす大冒険の基盤となった。ジェノヴァのほうは、モロッコの向こうで活動を展開することによって、金市場において避けてとおれない仲介役になろうとしていた。

　当初ポルトガルの航路は古代カルタゴの植民市に沿っていくものであったが、長い

アフリカ迂回の経過
（15世紀）

植民地の時代──新大陸発見〜1945年

間ボジャドール岬越えという難関にぶちあたっていた。そこは流れが激しく、行きは海岸から25〜30カイリ（1カイリは1852メートル）離れなければならず、帰りは大きくカーブして「方向転換」し、アソーレス諸島周辺で西風をつかまなければならなかった。当然の結果として、マデイラ諸島は1420年から、アソーレス諸島は1430年から永続的にポルトガルが支配している。マデイラ諸島には砂糖工場ができ、アソーレス諸島は穀物と家畜の供給地となった。

　1434年にボジャドール岬が越えられるようになると、ポルトガルは1443年にはアフリカの金の輸送ルートを手中にするための商館をアルギン島に建て、その後1462年にギニア湾に到達すると、アクシムやサン・ジョルジェ・ダ・ミナ（エルミナ）を建設した。産地により近いこうした商館ができたことによって、モロッコのほうに向かっていた伝統的な輸送ルートを変えることができ、新たな取引が生まれた。こうして、ラシャ、絨毯、布、バーバリー種の馬、小麦、ポルトガルの塩、グラナダの絹製品が、金粉、象牙、奴隷と交換された。奴隷は15人につき馬1頭分の値段で取引された。さらにそこに加えられたのが、ギニアのマラゲッタ胡椒とベナンの胡椒である。マラゲッタ胡椒は2級品の香辛料で、チュニスやトリポリの仲買人を介さなくなったことから手のとどく値段になり、ヨーロッパ人の間で人気を博した。ベナンの胡椒はコショウボクの一種で、一般向けの香辛料であった。

　こうした交易から得られた財産に意を強くしたジョアン2世は、1460年に没したエンリケ王子がはじめた探検を続けさせた。ジョアン2世が派遣したバルトロメ

ウ・ディアスは、新たな「方向転換」のおかげで1487年から1488年に喜望峰を通過した。この方向転換のためディアスは東風を求めてブラジル沿岸付近まで行かざるをえなくなり、1500年にカブラルが「発見」するよりもはるか前に、ブラジルに接岸したようである。1498年にはヴァスコ・ダ・ガマがインドに到達し、かくして帝国への第一歩が刻まれた。同時にレコンキスタも続けられ、ジブラルタル海峡に位置するふたつの都市が奪取された。1458年のクサール・エス・セギールと、1471年のタンジールである。

マヌエル1世幸運王の帝国

ふたつの「方向転換」

　金に導かれて動き出したポルトガルの冒険は、マヌエル1世幸運王の時代になると今度は香辛料を旗印とするまったく別次元のものへと変化した。この新たな食品を独占したいと考えたマヌエル王は、インド洋からイスラム勢を排除することを目的に、1502年にヴァスコ・ダ・ガマに2度目の遠征の指揮をゆだねた。同時に、この地帯の行政官で初代インド総督となったフランシスコ・デ・アルメイダは、ポルトガルの立場を守り続ける任を負った。

植民地の時代──新大陸発見〜1945年

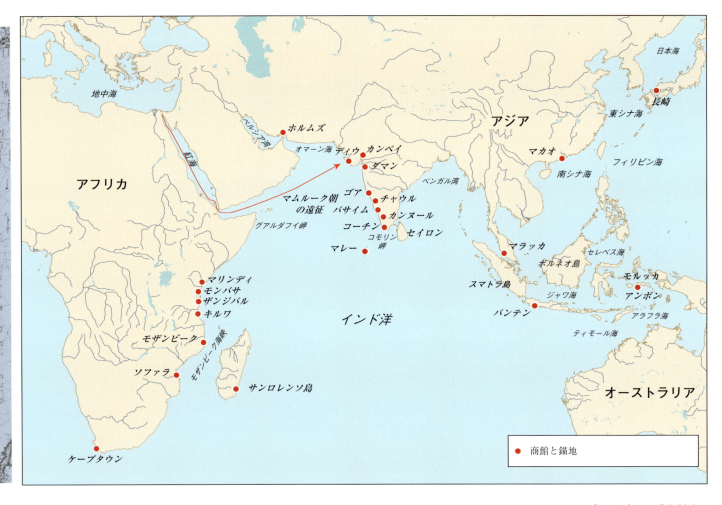

ポルトガルの香辛料帝国
(16世紀)

アルメイダはふたつの艦隊をいつでも自由に使う許可をえた。一方の艦隊はカンベイからグアルダフイ岬まで、もう一方はカンベイからコモリン岬までの航行を監視する。このふたつの艦隊はインド洋西部の取引を監督することもできれば、競争相手が来た場合紅海への出入り口を封鎖することもできた。これは有益な配慮であった。というのもマムルーク朝が、それまでイスラムが保持していた通商網の支配権を奪い返そうと固く決意していたからである。マムルーク朝は艦隊を集結させたものの、結局は1509年にディウ沖でポルトガル人によって壊滅させられた。このときのマムルーク朝の艦隊は、1504年の胡椒政策によってアレクサンドリアで香辛料を見つけられなくなることを危惧したヴェネツィアからヴェネツィア人技師を無償で借り受け、それに頼って編成したものであった。ポルトガルは以後インド洋唯一の支配者になり、その立場を堅持しようとつとめた。2代目のインド総督アフォンソ・デ・アルブケルケはこの精神にのっとり、セイロン（貴重な桂皮をえるため1505年から占領していた）の南西海岸からマレー島の間に散在する既得領地を拠点に、地域レベルの通商網を築く任を負った。

アルブケルケ総督はまず最初にコーチンとカンヌールに要塞を建設してマラバルとグジャラートの通商を監督することに専心し、その後1510年にゴアを奪取した。このゴアはポルトガル領インドの首都となる。グジャラートのスルタンが他勢力との争い等で困難な状況にあることを利用して、ポルトガルはしだいにその支配力を広げた。条約によって1521年にチャウル、1534年にバサイムの町を獲得したあと、

1535年にディウ、1539年にダマンを征服したのである。通商面で非常に重要なカンベイ湾もポルトガル領になった。

　あとはインド洋への入口を支配下におくことであるが、これは1511年にマラッカを、1515年にホルムズを奪取することで実現した。ただ、アデンだけはポルトガルの支配から逃れた。一連の寄港地はアフリカの両岸にも築かれた。アソーレス諸島、カーボヴェルデ、エルミナ、セントヘレナ、アセンション、さらにソファラ、モザンビーク、モンバサ、マリンディが、リスボンとインドをつなぐ通商網を作りあげたのである。

　ゴア、マラッカ、ホルムズにそれぞれ艦隊をあたえて戦略的支配を確かなものにすると、残るは経済的支配である。これについては1518年に桂皮や宝石の取引の中心地であるセイロン島のコロンボに要塞を建設し、そこを拠点としてしだいに沿岸へと支配を広げ、1619年にはケッテ王国とタフナ王国を併合した。第2の目標となったのは、モルッカ諸島である。というのもその一部であるバンダ諸島では丁子やメースが、テルナテ島とティドレ島では丁子が採れるからである。標的を定めたポルトガルは愛想をふりまいて、テルナテ島とティドレ島のスルタンと特権的な関係を結ぶことに成功した。マラッカはスルタンのマフムード・シャーを倒しての奪取であったが、アンボンとティモールにはなんなく入植した。

「ゴア」、ブラウンとホーヘンベルフの地図帳、1600年。

しかしマヌエル王のもくろみはもっと壮大で、夢見たのは中国であった。なかでもとくに興味を引いたのは、広東とその後背地である。この地は金や銀だけではなく、銅、硝酸、鉛、ミョウバン、亜麻、鉄も豊富で、貴重なインドの胡椒を一銭も払わずたんなる物々交換で手に入れることもできる。つまりヨーロッパ市場で最大限の利益をえることができるのである。ポルトガルはこの成功の鍵を手にすると、第2段階として福建に、さらには内紛につけこんで「有益な」中国、すなわち稲作地にまで勢力を広げようとした。この「大計画」は珠江デルタに位置する屯門の征服によって具体化した。火薬や大砲を発明した国の人々であるにもかかわらず、中国人は軽砲を備えたポルトガル船の破壊的な攻撃に呆然としたが、その後力を取り戻して最終的には侵略者を追い払った。

この失敗をものともせず、ポルトガル人はしだいにもっとも収益性の高い通商路を押さえていった。たとえばメッカに行く巡礼者を運ぶ航路の独占権を、ムガル帝国のアクバル王から獲得した。またインドで非常に需要が高いアラブ馬は、ホルムズを経由してダホールとチャウルの港で転売され、香辛料よりも高い利益を生みだした。中国に戻ると、1557年にマカオの居留権を獲得し、シナ海の通商路で避けてとおれ

マヌエル王の中国征服の意欲

植民地の時代――新大陸発見〜1945年

ない中継役を自任した。たとえばインドから香辛料を運び、その一部を1566年に認可された長崎の商館で銀と交換、さらに広東の年市に行って、ヨーロッパ向けの絹製品や磁器を仕入れるのである。このようなことからリスボンはキリスト教世界の大貿易中心地になり、東方の食料全体をアントウェルペンへ再送するかわりに、穀類、布製品、金属製の道具、地金、銀貨や銅貨など必需品を入手した。

　というのも、こうした活動は皮肉なことに実際にはポルトガルに利益をもたらさなかったからである。内陸部は不毛で人口も非常に少ない（1530年当時約150万人）ポルトガルは、商人や仲買人の階級を生み出すことができず、外国人仲介者の手の内にあった。さらに深刻なことに、帝国の規模が大きくなりすぎたため、外国、とくにオランダへの借金に頼らざるをえなかった。マヌエル1世の跡を継いだジョアン3世は、父王の植民地への夢をあきらめて領地を理にかなう程度にしようと考え、モロッコの複数の要塞を手放した。しかしこうした理性的な試みは一時的なものにとどまり、次のセバスティアン1世はそれらの土地の再征服を試みた。しかし王はそこで命を落とし、自国をスペインのフェリペ2世の手に残す。こうして大西洋上を主とするポルトガルの帝国は、オランダの脅威の下に置かれることになるのである。

大西洋征服

1500年にカブラルがブラジルを発見したというが、おそらく彼はブラジルに上

「ペドロ・アルヴァレス・カブラルの船団」、『艦隊の書』、1568年頃。

ポルトガルの夢

陸した最初のポルトガル人ではない。「方向転換」によって自然に導かれた人がいたからである。しかもスペインとポルトガルで世界を二分した1494年のトルデシリャス条約を見ると、ポルトガルがその時点ですでに赤い木のあふれる地、ブラジルを占有していたことが分かる。そのためインド洋からは非常に離れてはいるものの、この地はポルトガル人たちの野心の的となった。たとえばヴィルガニョンが率いたフランス遠征隊がブラジルに恒久的な植民地を作ろうとすると、ジョアン3世はこれに対抗して1532年にサンヴィセンテに植民地を作り、指揮官に区域を割りあててその地を開拓するよう命じた。ポルトガルは16世紀末以降、ブラジルからえられる財産の大半をサトウキビ栽培からえた。こうしてポルトガルは商業帝国から植民地帝国になる。

その後スペインと連合したことから、ポルトガルはスペインのフェリペ2世に対して反乱を起こしたオランダ連合州との戦いに入り、すべてを失った。ジャワ島、モルッカ諸島、セイロンはオランダの手に落ち、一方ホルムズはイギリスの支援を得たペルシアが1622年に征服した。香辛料市場を手にしたオランダ人は、1638年にサン・ジョルジェ・ダ・ミナを、1641年にアンゴラを占拠することによって、金と奴隷の市場にも挑みかかった。

スペインという頸木から解放されると、ジョアン4世は

トルデシリャス条約、1494年。緑色の部分がポルトガルに割り与えられた。

植民地の時代──新大陸発見〜1945年

ポルトガルの大西洋帝国
（17世紀）

大西洋に集中することを選択し、1641年にマデイラ島を、1642年にカーボヴェルデとアソーレス諸島を奪還した。さらにブラジルのペルナンブーコでは、1630年から入植していたオランダ人を追放した。1648年には、アンゴラ、サントメ島、プリンシペ島からオランダ人を放逐した。これが決定的な段階となり、ブラジルの開拓は奴隷なしでは実現できないものになった。このスケールで判断すると、ゴアやモザンビーク、マカオはほとんど重要性がないものになった。

　こうして真の植民地帝国が誕生する。トーゴ、ベナン、ナイジェリア、カメルーン、ガボン（有名な「奴隷海岸」）の捕虜はサントメ島に運び、そこからブラジルのサルバドール・デ・バイーアへ移送して、砂糖やタバコのプランテーションで働かせた。アンティル諸島をめぐる争いが激化すると、ポルトガルは新たな資源を求めて内陸部の開拓をはじめた。ミナスジェライス、ゴイアス、マトグロッソでは当時金やダイヤモンドが産出され、ポルトガルの比類ない繁栄を確かなものにした。しかしこの国は、大国のなかの一員としてはもはや力を失うのである。

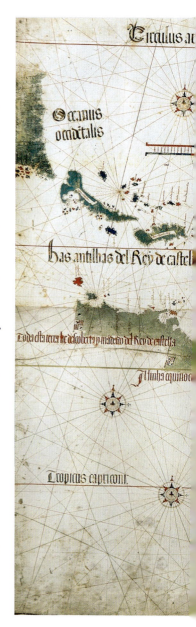

「新大陸発見によって生まれたカンティーノ世界地図」、1502年。トルデシリャス条約による境界線も描かれている。

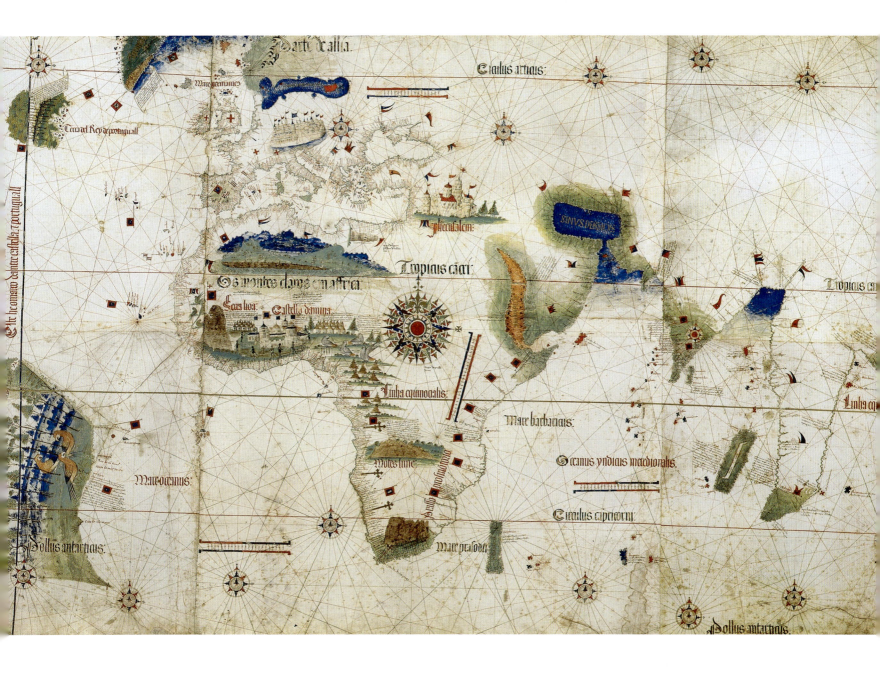

「マゼランの船ヴィクトリア号の経路」、ハインリヒ・シェーラー『新地図帳』、ミュンヘン、1702〜10年。

夢想にふけるスペイン

　16世紀のスペインは、18世紀と19世紀のイギリスと同じになるためのものをすべて有していた。アメリカの金銀という比類ない富と、第一級の海軍をもつ植民地帝国だったからである。しかしこの国は海への道と陸への道のどちらを選ぶかが決定できず、どちらも捨てきれずに結局は敗北する。

植民地の時代──新大陸発見〜1945年

世界支配への漠たる望み

　スペイン帝国は偶然の産物である。カール5世が生まれついた家系によって、思いがけない事態が生じていた。この王は、ブルゴーニュ公国のシャルル勇胆公の受遺者であり、カスティーリャ、アラゴン、ナポリ、シチリア、オーストリアの王冠を受け継ぐ者であり、1519年には神聖ローマ帝国皇帝となるからである。この広大な領地はスペインの優位性を確保するどころか、墓穴を掘らせる結果となった。世界帝国という夢を追うことを可能にするのはアメリカの金だけであり、その夢はいつも地政学的な現実にぶちあたるのだった。

　第一に、スペインはひとつにまとまるどころか、相反する野望がうずまいていた。カスティーリャの伝統的な政策の軸が、フランスと協調してイベリア半島全体と地中海南部の領土回復を目指すことであるのは、1509年のオラン［アルジェリア］征服が証明している。しかし南へ進出したからといって大西洋への野望を断ったわけではなく、1344年にはカスティーリャ王子ルイ

1400年のイベリア半島

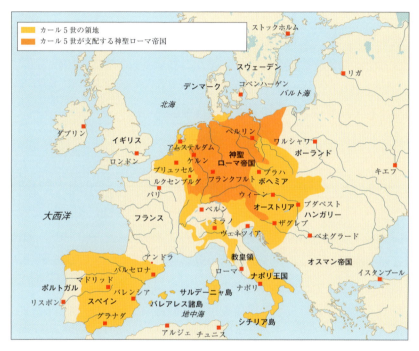

カール5世の帝国
（16世紀）

ス・デ・ラ・セルダが、カナリア諸島の領有権を教皇クレメンス6世から認められた。セルダはこれを支配することはなかったが、ここにみられる西方への欲求はクリストファー・コロンブスが受け継いでいく。

これに対してアラゴン王国は当然もっぱら地中海に向かい、少なくとも西側沿岸の支配を確立しようとした。この方向性によりアラゴンはフランスと対立した。フランスはナポリ王国とシチリア王国のアンジュー朝を支持しており、これがイタリア戦争の原因となる。

この複雑な状況にくわえて、カール5世は戦略上ミラノ公国をねらっていた。この国を保有すれば、ここを経由して帝国軍をフランドルに向かわせることができるが、失えばフランスに介入の余地をあたえることになるからである。

とはいえ16世紀のスペインを特徴づけるのは、まさしく世界帝国たらんとする意思であった。実際、1580年にポルトガルと合同するにとどまらず、フェリペ2

植民地の時代──新大陸発見〜1945年

世はヨーロッパで干渉主義政策を強めた。フランスでは宗教戦争に乗じて身内を王にさせようとし、イギリスは自国の「無敵艦隊」によって制圧しようとした。しかしこのときの失敗は没落を進める結果となった。香辛料を旗印にして生まれ、ヨーロッパでもっとも植民地支配を具現化した帝国であり、それまで海の支配者だったスペインは、大西洋を守り手のいない状態にし、みずからの帝国を事実上フランスやイギリス、オランダの標的へとさらすことになる。

香辛料競争

アメリカ大陸発見は香辛料競争から始まった。1487年から1488年にバルトロメウ・ディアスは喜望峰を越え、アフリカ迂回を実現して、インド市場への海路を開いた。カスティーリャ女王イザベル1世はクリストファー・コロンブスの計画を支援したが、それは新たな土地を発見するためではなく、モルッカ諸島や中国への近道を見つけるためであった。

これが強迫観念となって、カール5世はマゼランを支持してコルテスの計画をはねつけた。1520年に王に対するコムネロスの反乱がはじまり、ルター派が教会に異議を唱えていた時代に、アステカ帝国を征服する計画など夢物語のように思えたが、それに対して太平洋への進出は希望に満ちているように見えたからである。1521年に成し遂げられた世界一周はフィリピン発見という成果はあったものの、

「1588年8月のイギリス艦隊とスペイン無敵艦隊」、イギリス派画家、16世紀。

モルッカ諸島と需要の多いその香辛料をアメリカの地とつなごうと考えるきっかけになったにすぎない。コルテスのアステカ帝国征服はさておき、有名なモルッカ諸島の占有を目的として、ガルシア・ホフレ・デ・ロアイサを隊長とする遠征が1525年から始められた。しかし到達したのは8隻の船のうち1隻のみであり、これにより入植の意思はなおざりにされた。とはいえ計画が断念されることはなかった。

　同じ年にエステバン・ゴメスは、マゼランの航路よりも実用的だろうと期待して、もっと北を行く航路を発見しようとした。彼はノヴァスコシアまで上るが、迷路に入ったようになって方向が分からなくなった。そこは後の1906年にアムンゼンが開いて、北西航路となるところであった。疲れ知らずのコルテスも遅れをとらず、太平洋沿岸に整備された錨地から遠征に出発する許可をえた。そこでコルテスの従兄弟アルバロ・デ・サアベドラ・イ・セロンが隊長となって1527年5月に出港、マーシャル諸島、マリアナ諸島を経て1528年2月にはミンダナオ島に到着し、1528年3月27日についにモルッカ諸島のティドレ島に到達した。

　しかし帰還時にはたびたび危険な目にあった。サアベドラはヌエバ・エスパーニャ［現メキシコ］に戻ろうした2度目の試みのさなかに死亡、これ以後長きにわたって失敗が続くことになる。1565年になると、太平洋の航海を得意とするアウグスチノ会修道者アンドレス・デ・ウルダニータが、帰路にはよい風を求めて北方にいくべきだと気づき、これによってマニラとヌエバ・エスパーニャを結ぶ有名なマニラ・ガレオン船の建造が進んでいった。1573年からは2隻の船がマニラからア

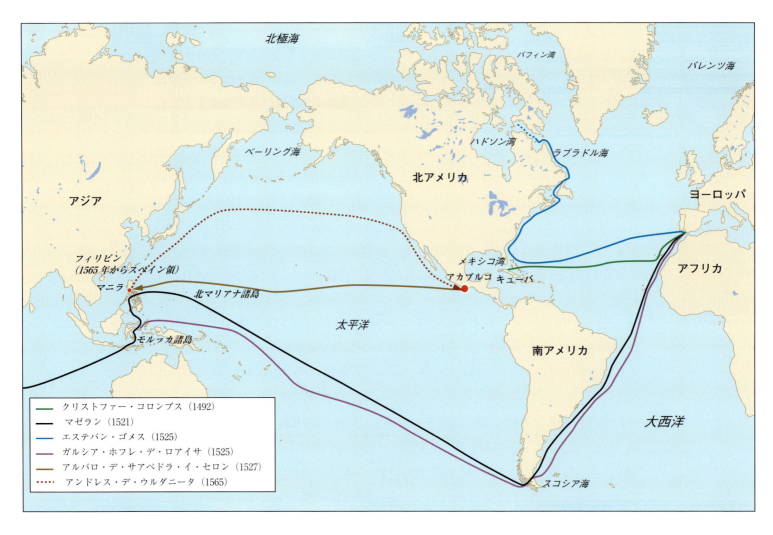

スペインの海上遠征
（16世紀）

カプルコまでの通商路を通り、積んでいった絹や磁器をアメリカで産出される貴重な銀と交換することで利益を得た。その3年後には船がメキシコ・マニラ間を定期運航するようになるが、香辛料を求める競争は二義的なものになっていた。アメリカがエルドラドであることが明らかになったからである。

アメリカという神からの贈り物

　はじめのころは、コロンブスの発見はまったく期待はずれのものであると思われた。1492年に出発したこの遠征隊は、バハマ、キューバ、ハイチに達し、翌年ドミニカ、グアドループ、ジャマイカに到着した。サントドミンゴの町が建設されたことによって植民地化のプロセスは急速に進んだが、極東に到達するという期待は早々に消え去った。コロンブスはしかしあきらめず、1498年にオリノコ川の河口を発見すると、自分はインドにいるのだという確信を強めた。

　懐具合の心配をするスペインの君主たちは、みずからにとって利益になりそうな計画、つまりは香辛料探しを目的とする計画に重点的に出資しようと考え、新たな土地の征服を遠征隊長に委託するようにした。隊長は隊員を募集し、装備を整え、みずからの隊を引き連れていくのである。そのころから大アンティル諸島は搾取され、住民は奴隷にされていた。しかもヨーロッパからもち込まれたウィルスのせいで、免疫のない住民は大打撃を受けた。働き手を失ったアンティルの経済開発は目

「マニラ・ガレオン船」、アルブレヒト・デューラーの版画。

植民地の時代——新大陸発見〜1945年

的を失い、1510年からは陸地が新たな征服目標となった。こうしてコスタリカやニカラグアの沿岸が襲撃され、1519年にはパナマ市が建設される。それはすでにバスコ・ヌーニェス・デ・バルボアが地峡を越えて、ついに太平洋に達した場所であった。

こうした遠征は考えの浅い隊長が競い合っておこなうことが多く、計画はぞんざいで混乱を招くこともあった。しかしそういう者たちとはちがって、コルテスは200人たらずでひとつの帝国を征服した。その成功は侵略者たちの技術がまさっていたという理由もあるが、敵を分裂させ、自分の周囲にメキシコの勢力と対立する人々を集めた隊長の能力によるところが大きい。スペイン人をメキシコから追放しようとした「悲しき夜(ノチェ・トリステ)」に、隊員が皆殺しにされるなかでコルテスが逃れることができたのも、また1521年8月にアステカの首都を決定的に倒して復讐を果たすことができたのも、ひとえに同盟者たちのおかげであった。

コルテスの成功と金の発見はエルドラド神話を生むことになり、コンキスタドールがアメリカ中に殺到した。こうしたスペインの動きは、開拓が商取引にとっ

アメリカ征服（16世紀）

てかわり、土地の占有が本国だけの利益になるという、新たな段階を告げるものとなった。貴金属である金や銀が価格的にヨーロッパ向けの取引の90％を占めていたとはいえ、それは実際は氷山の一角にすぎなかった。皮革、エンジムシ、インディゴ、木材も、小麦や油、ワインなどの食品、布や加工品など、しだいに増加していく入植者の必需品と取引された。入植者たちが新たな植物や動物を持ちこんだため、動物相や植物相自体も変化した。たとえば野生馬の途方もないほどの群れが、やがて北アメリカの大平原をかけまわるようになる。

「メキシコに着いたコルテス」、ディエゴ・リベラ、1951年、フレスコ画。

　海上支配はこれまでになかった性質を帯びていった。世界的スケールの物流を確保するのに適した商船団を使うようになるのである。実際、セビーリャからメキシコのベラクルスに行って帰るには15か月かかり、パナマ地峡を通って陸路でペルーまで輸送するには20か月かかった。一方マニラ・ガレオン船の5年間の定期運航が決まったことから、アンティル諸島はこの世界的な商取引の集散地になり、本国に送る品物が集まるだけでなく、ヨーロッパの食料を各地に送る

植民地の時代──新大陸発見〜1945年

拠点にもなった。その結果、アンティル諸島の対外取引所(エンポリウム)と大西洋の輸送網を保護するための海軍が必要となった。しかしエル・エスコリアル宮殿に閉じこもり、海よりも大陸への野望に燃えていたフェリペ２世は、イギリス征服計画によって「無敵艦隊」だけでなく、とりわけ海上の命令権(インペリウム)を失った。海の向こうにあるスペイン帝国の扉は、以後オランダ連合州を筆頭とする敵に向かって開かれる。

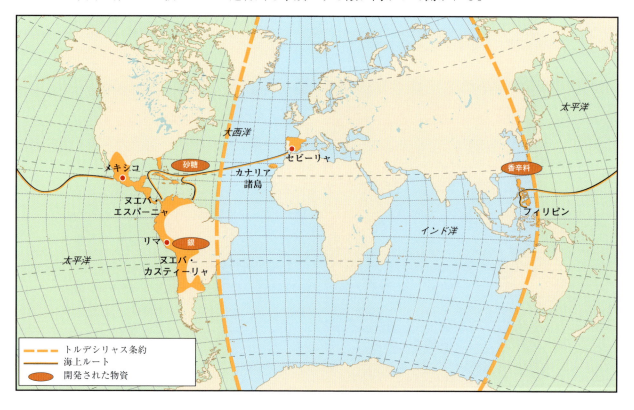

フェリペ２世時代の帝国（16世紀）

オランダ連合州、あるいは資本製造所

　オランダは植民地資本主義の事業モデルを作りあげた。世界に名だたるその海上帝国は実際はふたつの民間会社の上になりたっていた。東西インドと通商を行うために作られた西インド会社（WIC）と東インド会社（VOC）である。現代の多国籍企業の祖とみなされる東インド会社は、軍隊と艦隊まで所有していた。オランダの黄金世紀の礎となるこのふたつの会社は、加工場に原料を供給する周辺経済をベースとする、植民地経済の前提原理を生みだした。

植民地の時代──新大陸発見〜1945年

海外進出

　運命の女神はオランダに2度、勢力を増す機会をあたえた。まず最初に、1570年のシュテッティンの和約でデンマークの海峡の自由な航行が認められたことによって、北方取引のほぼすべてを手中におさめたことである。オランダは自国のニシンをヨーロッパ中に送ってえた財力を使って、ロシアやポーランドとの小麦取引のなかで事業を多様化し、17世紀初頭にはエーアソン（スンド）海峡（デンマークとスウェーデンの間の海峡）を通る輸送の3分の2を占めるほどになった。ふたつ目の幸運は、スペインが1585年に大中継貿易港であるアントウェルペンを略奪したことである。アムステルダムはそれにとってかわり、ポルトガルの香辛料をヨーロッパ中に送る独占権をえた。オランダはさらに北欧貿易で得た資金を利用して、生産から分配にいたる香辛料の総合市場を築いた。

東インド会社の勢力
（17世紀）

1602年に創設されたオランダ東インド会社は野望を武器に、まずマラバル海岸、スーラト、プリカットに進出し、その後1619年にバタヴィアに本拠をおいた。スンダ列島の香辛料やその他の産出品を扱う貿易都市として建てられたこの町は、シナ海へ勢力を拡大しようとする会社の活動の中心地となった。障害となっていたマラッカを1641年に獲得すると、日本の将軍と接触する道も開けた。将軍はこの訪問者たちが宗教的に無関心であることに惹かれ、オランダ人を外国と日本との交易の唯一の仲介者にする。

　残るはこうした取引の独占権を確保することである。イギリスがアンボン島（ナツメグの中心地）、さらに1624年にはバンダ諸島から放逐されたため、東インド会社は18世紀末にはモルッカ諸島、ジャワ島、スラウェシ島を掌握した。これにさらにモルディヴ、そしてとくに1648年のコロンボ陥落によって、桂皮のとれるセイロンもくわわった。こうして、メース、ナツメグ、丁子、桂皮など上質な香辛料市場全体がその手の内に入った。しかもライバルが近づかないよう引きわたしの独占権を獲得すべく交渉をし、その後栽培を専門化した。たとえば丁子の木の栽培はアンボン島に集中し、ほかの入植地では禁じたのである。1652年にケープタウンが築かれると帰路の寄港地がようやく確保され、大西洋を中心に活動する西インド会社との連絡も安定した。

　1621年に誕生したオランダ西インド会社は、毛皮、砂糖、奴隷の取引にねらいをつけた。最初の拠点として1624年に建てられたフォート・オレンジ（オールバ

「1644年に発見されたニューオランダ（オーストラリア）の地」、メルシセデク・テヴノ、地図製作者ヨアン・ブラウの地図にもとづく。

植民地の時代——新大陸発見〜1945年

ニー）は、北米にニュー・ネーデルランドが形成される出発点となった。その勢力は現在のコネティカット、デラウエア、ニュージャージー各州の一部へと広がり、フォート・クリスティーナ（ニュー・スウェーデン）も手にすると、1653年にはニュー・アムステルダムを築いた。これが後のニューヨークである。毛皮取引を中心としたこの会社はアンティル諸島の集散地にそれを送り、その後ヨーロッパに転送した。同時に、キュラソー島、ボネール島、シントユースタティウス島、サバ島、セントマーティン島は、ギアナやとくにブラジルの砂糖製品を受け入れた。西インド会社はペルナンブーコにとくに注力し、1630年にレシフェの町を奪うと、そこを拠点に拡大を続けた。ナタールとサルバドール・デ・バイーアが手に落ちたことで、1640年代初頭には1800キロ近い海岸線を支配した。そこでは砂糖産業が、アフリカの黄金海岸から運ばれた奴隷を使うことで非常に発展した。そのため西インド会社はポルトガル所有のエルミナ城を奪った後、黄金海岸に数多くの商館を建設した。

西インド会社の勢力
（17世紀）

「アムステルダムの西インド会社」、版画、1655年。

海外でのこうした組織構造はスペインやポルトガル勢と根本的に変わらないが、違いは本国に見られた。オランダの経済は捕食の論理だけを基盤とするのではなく、すべてを統合した構造を確立した点で際立っていたのである。これはその後何世紀も続く植民地モデルの先駆けとなる。

加工経済へ

オランダが成功した鍵のひとつは、世界の船主としての役割を基礎にした点にある。スペイン人がスペイン帝国内の地点同士だけをつないだのに対して、オランダは世界の様々な文明と関係を結んだ。通商網を世界的に拡張にすることによって、オランダはもっとも収益性のある分野で独占権を獲得する可能性をもつとともに、補完的な関係をあてにすることもできた。たとえば中国の絹製品を日本の銀と交換し、その銀で今度は中国の磁器や貴重な香辛料を手に入れることができたのである。

幅広い種類の製品を支配したことによって、オランダは輸送の面で成功をおさめた。オランダ連合州はいっとき世界でも中心的な船主になるが、それはカラ輸送を

なくして輸送費を安くおさえることができたからである。このモデルは、オランダが15世紀以降木材や穀物の取引を支配していたバルト海で生まれたものである。この輸入は北欧諸国との関係では大赤字であったが、それを全ヨーロッパへ転売することで莫大な利益がえられたため、埋め合わせることができた。いずれにせよオランダ人にとって、カラの船を送ることは儲けの機会を逸することであった。そこで彼らは取引を多様化しようと決意し、提供する製品の幅を広げることにした。最初は、ポルトガルの塩やフランスのワイン、ニシンと、かなり基本的なものの輸出であったが、すぐにアメリカの砂糖やインドの香辛料、有名なライデンの織物などの贅沢品がくわわった。ライデンの織物は、ますます加工業化するオランダ経済のシンボルであった。

オランダの驚くべき繁栄は、このようにたえず新しいことを考案する能力のおかげであった。原材料の輸出入の役割だけで満足するのではなく、オランダ人は常に変化をくわえて利益をいっそう増やそうと考えた。砂糖精製所、タバコ工場、ダイヤモ

「アムステルダムの織物商組合の見本調査官たち」、レンブラント、1662年。

ンドや石鹸の加工場、搾油工場がこうして土地を離れ、ライデンのラシャを中心とする織物生産の仲間入りをした。造船さえ取引対象になり、オランダの造船所は全ヨーロッパのために稼働した。もっと革新的なこととして、食糧生産をうち捨ててまで、はるかに儲けの多い輸出用栽培を行った。北欧から穀物を大量輸入することで、野菜や花の生産を急成長させることができたのである。さらに牛の飼育を拡大して作った有名なチーズをはじめとする乳製品は、文字どおりヨーロッパ中に浸透した。

このモデルは開かれた経済では有効であるが、フランスやイギリスが関税障壁を打ち立てはじめると致命的なものであることが明らかになった。英仏の同盟によりオランダの世界支配は終わりを告げるが、国自体は健在であった。みずからのモデルを変化させて、また別の形で存在することができたからである。

モデルの合理化

オランダとイギリスはスペインの

「スヘフェニンゲンの海戦」、ヤン・アブラハム・ベールストラーテン、1653〜56年。第1次英蘭戦争の最後の戦い。

植民地の時代——新大陸発見〜1945年

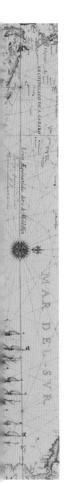

フェリペ2世に対抗する際には同盟を結んだが、海への野望のちがいが原因で急速に敵同士になった。旧同盟国を先に攻撃したのは植民地的な考えをもつクロムウェルで、イギリスは第1次英蘭戦争（1652〜54）で勝利をおさめた。ポルトガルがこれに乗じてブラジルを取りもどしたことを除けば、対立は戦争前の状態と変わらない形で終結した。その後イギリスでは体制が変わるが、目指すところは変わらなかった。クロムウェルの死後実権を握ったチャールズ2世も、同様の海への野心を示した。この王の時代に起こった第2次英蘭戦争（1665〜67）では、ロイテルによるテムズ川奇襲や新たな主役フランスの登場で、今度はオランダが勝利した。これはこの三国にとって運命の岐路であった。イギリスは海への野心を変わらずにもちつづけ、フランスは海への関心と大陸への展望の間で迷っていた。一方オランダ連合州は和約を結ぶにあたって、海上帝国と盾となる陸地のどちらを守るかを選択しなければならなかった。調停によって、オランダがニュー・ネーデルランドを放棄する代わりに、イギリスの植民地スリナムを獲得するという妥協的な形になったが、その後スリナムは停滞を続ける。

　最後の英蘭戦争は1672年から1674年まで続いた。その後イギリスはフランスとオランダを対立させ、みずからは争いから身を引いた。フランスがスペイン領ネーデルランド内の土地を獲得したことから大陸への野望を固めると、オランダとイギリスは同盟を結ぶにいたった。両国の関係はイングランド王にもなるオラニエ公ウィレム3世が象徴するように、ナポレオン時代を除いてほとんど裏切られることは

なく、フランスの海への野心を断たせる結果となった。

　オランダはこのときの地政学的選択と植民地モデルの再構成によって、その黄金の世紀を18世紀前半まで約100年延長させた。バルト海の通商で第一勢力を誇る東インド会社は、この時期膨大な数の船を東インドへ送り、一方西インド会社は、オランダ領ギアナのプランテーション経済の成功のおかげで新たな飛躍をとげた。ギアナでは500の大農園に5万人の奴隷を集め、大量の砂糖を生産してヨーロッパ全土に供給した。

　とはいえフランスとイギリスは勢力を増し、オランダはあらゆる分野で衰退していった。1720年には3分の2を握っていたバルト海沿岸の用材は1760年には5分の1におち、1710年代にはほとんど独占状態だったライン地方のワインは、1750年代には60％以上が失われた。1700年には60％以上保持していたニシンは、1740年には15％のみとなる。東インド会社もまた、インドや中国で少しずつ立場を弱めていった。とはいえアムステルダムはまだしばらくは世界の銀行でありつづけ、イギリスを主とする外国への投資は15億フローリンに達した。これはかつてこの町をわかせた「チューリップ・バブル」を思い出させる。1636年のチューリップ・バブルは金融市場を再検討する好機であり、結局は資本を引きつける手段であっただけでなく、アムステルダムの支配力の土台となるものであった。1720年にイギリスの南海会社や複数の銀行が破産したことも、外国への投資という同様の効果を生んだ。シティが再編成されたことからオランダの船主や金融家が進出し、イギリ

植民地の時代──新大陸発見〜1945年

スの公債に投資して、自国の旧敵に決定的な勝利をもたらしたのである。とはいえこのエピソードにいく前に、忘れられた帝国にひととき目を向けるとしよう。ヴァイキングの冒険精神からおぼろげに現れる、デンマーク帝国である。

「チューリップ取引の寓意」、ヤン・ブリューゲル（子）、1640年。

デンマーク同盟、あるいは氷の戴冠

　デンマークについては「ヴァイキングの冒険」でもふれたが、この国は冒険を通じて野心をしだいに大陸のほうへ向けていった。バルト海沿岸地帯の覇権争いを主とする北欧の仲間同士の敵対関係はその後何世紀も続くが、デンマークが海への野心をみせたことはほとんどなかった。そのわずかな例のひとつは、ヘルシンゲルの町から大砲を撃てばとどく距離にあるエーレスンド海峡で、15世紀以降通行税を徴収したことである。しかしクリスティアン4世はこの大陸志向を変化させ、デンマークをふたたび海洋の冒険へと送りだす。

植民地の時代――新大陸発見〜1945年

商館と会社

　クリスティアン4世はデンマークの歴史の中で独特な存在である。軍事的には期待はずれであったが特別人気があったこの王のおかげで、この国は海外へと開かれた。自国が長期にわたって活力ある貿易にくわわれるよう、王は1596年に22隻だった船団を1610年には60隻に増やし、1616年にはデンマーク東インド会社を設立した。この会社は1620年からインドのトランケバルに商館を置いた。東インド会社は最初は通商をおこなっていたがすぐに密貿易専門になり、フランスとイギリスの保護貿易政策のおかげで大きな利益を上げる機会に恵まれた。18世紀にはイギリスで茶の需要が高まったことから、このいかがわしいやり方は比類ない成功をおさめた。茶の消費量は世紀初頭には少なかったが、1730年代から40年代に莫大に増え、1780年からは全世界に広がった。税金が高いことから、茶は18世紀のあらゆる密貿易のなかでももっとも大規模なものになった。フランス・インド会社、オランダ東インド会社、スウェーデン・インド会社は積み荷すべてを中国茶にして、イギリスに密輸入した。デンマーク東インド会社はこの密売を唯一の目的として、1755年に

デンマーク東インド会社の領有地（17〜18世紀）

カルカッタ北方のセランポールの村に、ついでアチュネ、ピラプールに拠点をおき、この市場における勢力を強めようとした。この黄金時代はイギリスのピット首相が茶税を大幅に下げて、合法的であるほうが不正をするよりも魅力あるものになったことから終止符が打たれる。

　デンマーク西インド・ギニア会社は儲けの多い砂糖市場で力をもつために設立され、この目的のために植民地も建設されていった。1671年にセントーマス島に、次いで1718年にセントジョン島に植民地を築き、1733年にはフランスから買ったセントクロイ島を加えてヴァージン諸島を完成させた。そこではデンマークが大勢運んだイギリスやオランダの入植者の力で、サトウキビの大農園がつぎつぎとできていった。ついには奴隷が必要になり、黄金海岸に一連の商館と要塞（オス、タコラディ）を設置した。

　この海外帝国は18世紀に栄光のときを迎えるが、その後少しずつ衰退し売却されていった。1845年にインドの植民地が、1850年にアフリカの植民地がイギリスに譲渡され、ヴァージン諸島も1917年にアメリカに譲られ

デンマーク西インド会社の領有地（17〜18世紀）

た。このとき残っていたのは北大西洋だけである。

北極圏への冒険

　ヴァイキングの勢力下におかれたグリーンランド、アイスランド、フェロー諸島についてはすでに指摘したが、この勢力はさまざまな運命をたどった。「緑の地（グリーンランド）」を占領しても小氷河期にはたえきれず、最後の植民者もヴィンランドに、あるいはもっと信憑性のあるところではノルウェーに移住した。ノルウェーはしかもフェロー諸島、オークニー諸島、シェトランド諸島をすべて支配しており、1262年の古い条約によってアイスランド共和国も統治下に置いていた。

　1世紀後、マルグレーテ1世はみずからの親族関係（デンマーク王の娘でノルウェー王と結婚した）とスウェーデン国民の王に対する反乱を利用して、1397年にカルマル同盟を結んだ。スカンディナヴィア三国が揃って参加したとはいえ、この同盟は実際はデンマークが主導するもので、デンマークにとってはバルト海貿易に対するハンザ同盟の支配を終わらせる手段であった。ストックホルムで繰り返し反乱が起きたにもかかわらず、カルマル同盟はグスタフ・ヴァーサがスウェーデン国王に選ばれる1523年まで続く。

　カルマル同盟を結んだ際にデンマークの手に入った北大西洋の領土は、最初は新たな君主たちの興味を引かなかった。しかし大陸拡張計画に失望すると、王たちは

デンマーク同盟、あるいは氷の戴冠

カルマル同盟
（1397〜1523）

北方の領土に新たに目を向けていった。それは宗教的なまなざしであった。宣教師ハンス・エゲデはヴァイキングの子孫が異教徒に戻っているのではないかと知りたくて仕方なく、1721年にグリーンランドに遠征隊を送った。そして「希望」を意味するゴットホープ周辺を中心にして、南西岸に植民地を築いた。その希望は魚でえた利益のおかげで成功に満ちたものになった。それというのも1776年に王立グリーンランド貿易会社が、鯨油で稼ごうと取引の独占権を獲得したからである。しかもこの独占権はフレンスブルク（現ドイツ領）の町の発展の礎にもなった。

　こうした漁業は儲けが大きくアイスランドにも広がったことから、デンマークが北大西洋のこれらの領地を維持したいと考えたのもうなずける。デンマークは1814年にノルウェーをスウェーデンに割譲して失うが、グリーンランドの植民地化はその後何年か進めた。アイスランドが独立し、フェロー諸島が自治領になるの

は第2次世界大戦後で、グリーンランドが同様の立場になったのは近年のことである。このような植民地の資源開発はデンマークの場合小規模ではあったものの、アメリカ征服によってはじまる変化を予示していた。交易はすたれたということだ。

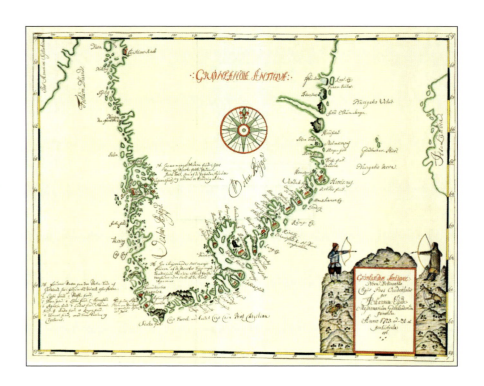

ハンス・エゲデによるグリーンランドの地図、1737年。

ロンドン、海の女帝

　大英帝国は典型的な海の支配者であるというイメージを、われわれは共通してもちつづけている。しかし歴史にはそうは書かれていない。事実として、イギリスは長い間大陸と海洋とのあいだで揺れていた。カレーをギーズ公に奪還されたことは、この点で転換期であった。この象徴的なときから、イギリスはヨーロッパ大陸の領土をねらうことを一切あきらめるからである。それはハノーヴァー朝を生んだ地であるハノーファーを、1866年の普墺戦争後にプロイセンが併合するにまかせるほどであった。しかしそうしたことの代わりに得た制海権は、帝国を築く土壌になった。その帝国はおそらく地球が生み出した中でももっともなみはずれた帝国であり、今後もそうありつづけるであろう。

植民地の時代──新大陸発見〜1945年

第2の百年戦争

　イギリスはほかのヨーロッパ諸国のあとに続いて植民地獲得へと動き出した。それはかなり遅れてのスタートであった。実際、無敵艦隊が敗れて海洋が一部スペインの支配から解放され、新たな機会が訪れるのを待つ必要があったからである。そこでイギリスは、香辛料の三角貿易を基礎にしたもっとも古典的なやり方で、海洋進出に乗り出した。

　イギリス東インド会社は1600年に設立されたが、出足は遠慮がちであった。優位に立つオランダの海上勢力を前にしてマレー諸島はあきらめざるをえず、イギリス東インド会社はムガル王朝とよい関係を築こうとグジャラートに退却した。メッカ巡礼者の海上輸送船団を保護したおかげで、1613年にスーラトで通商を行う権利を獲得し、約20の商館の建設や併合を進めた。1634年にマドラス、1636年にフォート・ウィリアム、さらに1674年にポルトガルから譲渡されたボンベイ、1690年にカルカッタという具合である。しかしほかのヨーロッパ諸国とは異なり、イギリス人は香

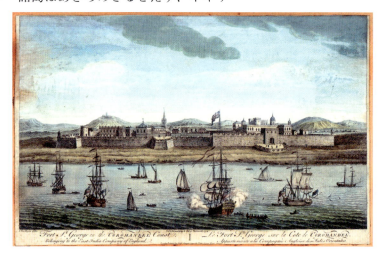

「マドラスのセントジョージ要塞」、ヤン・ヴァン・ライン、1754年。

辛料にとどまらずインドの綿織物にも興味を示して、ヨーロッパに大量に送りこんだ。

　この革新と古典的方法との融合は、アメリカ征服においてもみられた。イギリスは第1段階として、新大陸との取引を望むヨーロッパ人にとって不可欠なアンティル諸島の拠点を確保した。1595年のトリニダードに始まり、1605年にバルバドス島、1625年にセントクリストファー島、1628年にモントセラト島とアンティグア島を征服、その後1638年にユカタン半島の沿岸、1655年にジャマイカがくわわった。北米への入植は、ふたつの異なる論理に従ってなされた。一方はその土地の資源の開拓、もう一方は宗教的な目的である。最初の的となったのはヴァージニアで、ここからは後にアメリカのふたつのシンボルになるポカホンタスとメイフラワー号が生まれた。これに続いてマサチューセッツでは1630年にボストンが築かれた。1635年にはニュー・イングランドがロードアイランドの入植地を中心に形成され、その後1639年にメリーランド、1664年にカロライナとニューヨーク、1681年にペンシルヴァニアと

第1次イギリス帝国（17世紀）

拡大していった。

　当時「第2次百年戦争」はすでに始まっていたが、フランスはまだそのことを知らずにいた。この戦いの起源はすでに見た第3次英蘭戦争にさかのぼるが、この戦争はイギリスが退却したことからすぐにオランダとフランスの対立という形に変化した。イギリスが退却したのは、当時すべての戦略目標を果たしていたからである。オランダはもはや支配的な勢力ではなく、イギリスはアメリカやインドで自由に動くことができたのである。逆にフランスのほうは、ルイ14世時代の植民地拡張政策によって、手ごわいライバルになっていった。

　以後イギリスは、対決のたびにフランスの海外勢力を減じようとした。スペイン継承戦争ではそれまでフランスの植民地だったアカディアを奪うだけでなく、一連の戦略拠点や重要な錨地を手中におさめた。ジブラルタル、メノルカ島、セントクリストファー島はこうして1713年に獲得した。その後7年戦争がはじまり目的のためには手段を選ばない状態になると、イギリスは宣戦布告をする前にフランスの商船300隻を港や海上で襲い、ニューファンドランドで漁船団をかっさらった。これはフランス海軍から船員を奪い、つまりはイギリス海軍の海洋支配に異議を申し立てる余地を残さないようにするためであった。その結果は決定的で、フランスは北米とインドを失った。唯一残されたのが砂糖の採れる島々で、そこがつかのまのフランス再生の舞台となる。しかしフランス革命とその後の帝政時代にはその野心も消え、イギリスの海洋支配が確かなものになった。当初インド航路は、アセンシ

『百科全書』所収の軍艦、18世紀。

ョン島、セントヘレナ島、ケープタウン、モーリシャス、セーシェルとたどっていたが、地中海中央のマルタ島などさまざまな戦略拠点がつけくわえられた。またフォークランド諸島を獲得したことで、マゼラン海峡の支配も可能になった。このイギリス帝国は、オーストラリア、ニュージーランド、マレーシア、セイロンの征服によってさらに拡大する。

世界帝国

　18世紀はフランスとイギリスが経済の面で敵対した時代のように思われがちであるが、この印象は完全に正しいとはいえない。フランスは当時まだ商館を基盤とする経済であったが、イギリスは産業革命に入っていたからである。フランスは植民地を開拓して砂糖やタバコなど原料を転売していたが、イギリスの植民地は大規模生産した初期の製品、織物や小さな家庭用品、広い意味での鉄製品であふれていた。ナポレオン戦争が終わると、イギリスはみずからの変貌の大きさを見せつけた。

　このように世界経済が新たな局面に入ったことから、当然ながら新しいタイプの帝国が生まれた。以後重要となるのは、富の源であるいくつかの産物、いくつかの取引の独占権を握ることではなく、本国の真新しい産業に不可欠な原料を手にすることである。さらにいえば、自国の製品を自由に売りさばける市場を確保することであり、この点でカイロとケープタウンを結ぶ鉄道計画は象徴的であった。

植民地の時代——新大陸発見〜1945年

　ここでイギリスには、よりよく支配するために分割し、顧客網を作る能力があった。インドの征服は手ならしであった。イギリス東インド会社は最初フランスのインド総督デュプレクスのやり方にならって、利益の大きいもの（塩からアヘンまで）の独占権と土地をムガル帝国から獲得しようとつとめ、その金でセポイ［インド人傭兵］という地方軍を育てた。セポイはインド進出当初イギリスが紛争に介入する際の先鋒隊としてインド亜大陸をかけまわったが、1857年に大きな反乱を起こしてイギリスのくびきをはらいのけようとした。しかしこれはイギリスによる支配をいっそう強固にする結果となり、ムガル帝国は滅亡、インド帝国が誕生した。

　新たな土地を征服するというのはひとつの大きな出来事であるが、そこに居つづけて競争相手を排除するというのはまた別のことであり、そのときどきの必要性や機会に応じて同盟が結ばれては解消されるものである。数あるうちのひとつの例がクリミア戦争時（1853〜56）で、このときイギリスから見ればやや野心が強すぎたロシアは、英仏連合と、オーストリアとプロイセンの中立的態度に直面した。しかもロシアはこの教訓を記憶にとどめ、1877年には中央アジアの支配領域を分けあうために、包括的な協定に同意している。

　大英帝国は平和をもたらす任務を引き受け、恨みや緊張状態を静めるためにみずからを律することができる国であり、おそらくそれがこの国が長

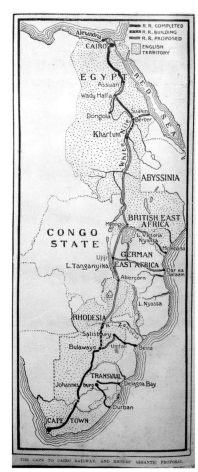

「ケープタウンとカイロ間の鉄道」、1899年11月10日付「オークランド・ウィークリー・ニュース」の付録地図。

ロンドン、海の女帝

「クリミア戦争中のタンガログ攻囲」、ロシアの版画。

く続いた理由なのだろう。アフリカ占領の枠組みを決めるために行われた1884年のベルリン会議はその休止期間となったものの、じつはこの間にもイギリスは個別の協定を複数結んでいる。

また、同じ年にニューギニア島の一部をドイツの保護領として認めたのも一例である。同様に1890年のヘルゴランド条約では、イギリスからみるとスエズ運河に近すぎるソマリア沿岸への野心をドイツが捨てる代わりに、北海の戦略拠点であるヘルゴランド島を譲っている。

　イギリスはしかしみずからの利益を、とくに海上に戦略拠点をもつ必要性を忘れることは決してなく、1819年にシンガポール、1824年にマラッカ、その後さらにスエズ運河も手に入れた。スエズ運河については、インドとの関係に不可欠であるものの計画の実現を不安視していたため、イギリスは1869年の開通以来ずっと監視しつづけた。ディズレーリ首相は1875年にスエズ運河株式会社のエジプト持ち分を買い取り、その後1882年にはエジプトを支配下に置いている。1885年にビルマを完全にイギリス領としたのも、大英帝国の真珠を守るという同じ論理によるものであった。

　イギリスの支配が1914年に2600万平方キロメートル、4億人以上の人間に及んだのは、こうした政策のたまものであった。しかしこれとはまた別の、厳密に経済的な優先課題も実行された。それはシャム、アルゼンチン、中国など国際法の規定による独立国家の市場をイギリスの厳格な監督下に置くというもので、イギリスは必要ならば扉をこじ開けることも辞さなかった。その犠牲になったのが中国で、この国はアヘン戦争をせざるをえなかった。この戦争は中国にアヘンを受け入れさせるためにおこなわれたもので、イギリスにとってはとくに茶の大量輸入という赤字

ロンドン、海の女帝

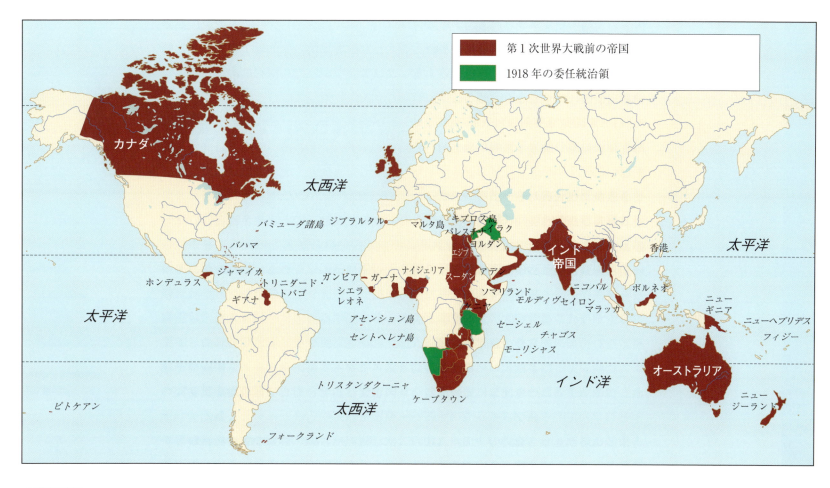

イギリス帝国
（19世紀〜20世紀初頭）

構造の貿易バランスを正す唯一の方法であった。こうして1842年に香港が割譲され、ただちに取引の後方基地となった。こうした世界規模の支配は1世紀近く続いたものの、第1次世界大戦後に再建することはできなかった。勝利はあまりに高くつき、イギリスは衰退を始める。

衰退

　第1次世界大戦（1914～18）終結後の状況は皮肉なものであった。イギリスは軍は勝利したものの、経済的には破綻した。その帝国はこのとき地球の人口の4分の1近くと地表の22%を支配下に置き、かつてないほど拡大していた。ドイツ帝国からの戦利品として、イギリスはアフリカの領地を広げることができたが、もっとも重要なのはオスマン帝国が残したものであった。アラビアのロレンスの壮挙ののち、イギリスはトランスヨルダンとイラクを支配するためにハーシム家だけを維持したが、聖地を含むアラビア半島の大部分はイヴン・サウードに奪われた。イギリスは例によってよりよい統治のために分割しようと考え、クウェートの国境を定め、ペルシア湾にイギリスに服従する首長国を配置した。そして最後だが重要なこととして、国際連盟からパレスチナ統治を委任された。

　第2次産業革命の原動力である石油の支配をめぐっては、新たな主役アメリカが参入した。イブン・サウードの勝利に強い関心をもったアメリカは、サウードが建

「イギリス議会新兵募集委員会のポスター」、アーサー・ワードル、ロンドン、1915年。

国したサウジアラビア王国とすぐに特権的な関係を結んで、戦略地帯で地歩を固めた。

イギリスはもちろん往年の姿を保っていたが、第1次大戦による莫大な負債と、イギリス・ポンドの価値を落とすまいという意思があいまって、経済的に立ちなおることはできなかった。2度の大戦のあいだには大量生産・大量消費の時代がはじまるが、これを導いたフォード主義とテーラー主義は、どちらも来たるべきアメリカの勝利を予兆するものであった。

第2次世界大戦はイギリス帝国の最後の絶唱であった。たしかに勝者とはなったが、それと引き換えにアジアが惨憺たる状態になり、それまで抑えられていた独立運動が激化するにいたった。マレー諸島におけるオランダ、インドシナにおけるフランスのような対決もありえたが、イギリスが選んだのはそれとはちがうイギリス連邦化という第3の道であり、その後1956年のスエズ危機をへて、イギリスは帝国というほのかな願いを一切捨て去る。

1世紀以上にわたってイギリスは世界をリードし、自国の経済的・政治的モデルが世界の多くの国でくりかえされるのをみてきた。その筆頭がフランスである。

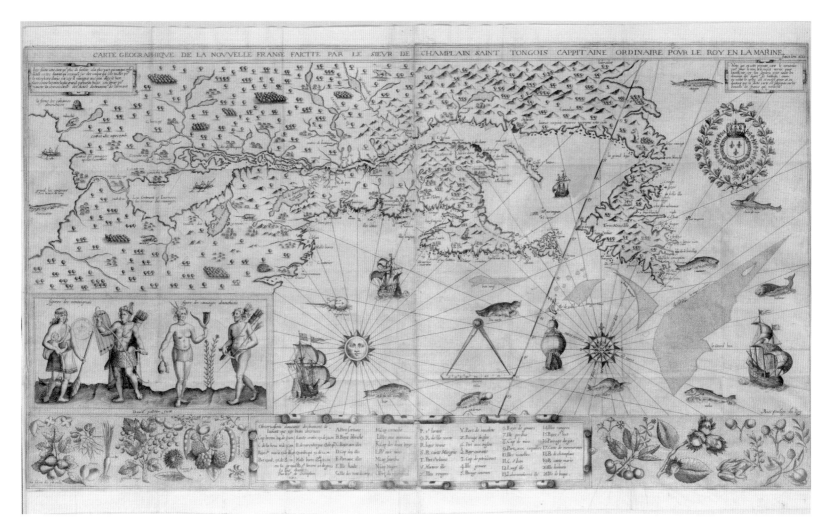

「ヌーヴェル・フランスの地図」、サミュエル・ド・シャンプラン、1612年。

とぎれとぎれのフランス

　フランスの君主は、ほとんど海の重要性を理解していなかった。その理由のひとつは、国境、とくにハプスブルク家との境界に対する脅威にあったが、この大陸志向によってこの国は世界支配の望みを一切断たれた。経験を積んだ船員と質の高い船舶を有していたにもかかわらず、この大国は海の「第2次百年戦争」に敗れる。

植民地の時代──新大陸発見〜1945年

はじまり

　フランスの諸王が作らせた初期の船団は、急ぎの目的のためのその場かぎりのものであった。フィリップ2世尊厳王はそのようにして艦隊を集めて息子ルイ8世をイングランドに上陸させ、またルイ9世は十字軍のためにエグ=モルトの港を建設した。まぎれもない海への野望を初めてみせるのは、フィリップ4世美王である。この王は船を賃貸借するという政策を破棄し、セビーリャの兵器廠に倣ってルーアンに海軍工廠クロ=デ=ガレを建てて、そこにきちんとした施設と造船工場を作った。また外国の専門家が集められて、フランス人を海へ慣らしていった。たとえばカスティーリャ提督レニエ・グリマルディもフランスに仕えたひとりである。この政策は功を奏し、1304年8月17日のジーリクゼーでの勝利につながった。この戦いではギー・ド・ナミュール率いるフランドル軍が敗走した。

1340年のスロイスの戦いを描いた彩色挿絵、ジャン・フロワサール『年代記』、1470〜75年。

初の王国海軍のうち残った部隊は、しかし1340年のスロイスの戦いで沈められた。この戦いでは200隻のうち160隻の船が失われ、ふたりの提督が殺された。次に海への野心を蘇らせるのは、「賢明王」ことシャルル5世である。イギリスの補給線を断つには海軍が不可欠であることを認識した王は、まず第1段階として同盟国の船団を頼って成功をおさめた。スペイン・ジェノヴァ艦隊はペンブルック伯の艦隊をラ・ロシェル前で追い散らし、フランス南西部のポワトゥー、サントンジュ、アングモアの再征服を果たしたのである。シャルル5世は第2段階として、ジャン・ド・ヴィエンヌ提督に海軍を再編成させた。その結果、1377年以降海軍は120隻近い船を擁し、うち35隻が外洋用であった。しかし続く王たちは残念ながらこうした努力を引き継がなかった。

　こうした進んでは止まってというのろのろとした歩みのせいで、価値ある切り札があったにもかかわらず、フランスは海へ乗り出すのが遅れた。とはいえ大西洋で活発に活動する者もいた。1365年からディエップやルーアンの商人はアフリカ沿岸の通商にくわわって大量の象牙を持ち帰っていたし、ジャン・ド・ベタンクールとガディフェ・ド・ラ・サルは、1402年5月に初めてカナリア諸島を植民地化しようとした。しかしこれは百年戦争のため急きょ打ち切りになる。

　フランソワ1世が活発な政策をとったのは、こうした土壌とアメリカの発見があったからである。この王はル・アーヴルの港を建設し、また世界をスペインとポルトガルで分けるという勅書「インテル・ケタラ」を見なおすよう強く求めた。その

植民地の時代──新大陸発見〜1945年

結果教皇クレメンス7世は、最終的にこの勅書を新たに発見された土地のみに適用することに同意した。これに意を強くした王は、ジャック・カルティエが後のヌーヴェル・フランスに向けて遠征する際は援助し、またディエップの人々をはじめとする私的な冒険も支援した。これによってディエップの人々は、ニューファンドランドの魚が密集する羨望の場所を手に入れた。しかしこうした野心は宗教戦争によってうち砕かれた。たとえば1555年のヴィルガニョンによるブラジル植民地化計画は、新教徒と旧教徒の対立のために失敗する。

アンリ4世は新たなページをめくり、あらゆる面で海への野望を蘇らせた。オスマン帝国との通商関係によりマルセイユは絹取引の中心地になり、一方1604年には北アメリカのアカディアに首都ポール・ロワイヤルが建設された。忘れてはならないのが、サミュエル・ド・シャンプランの9回にわたる航海であろう。ヌーヴェル・フランスを築いた先駆者であるシャンプランは、1608年にケベックを、ついで1611年にモントリオールを建設した。一度では習慣とはいえないというわけで、こうした政策はこの王の死後も続けられた。シャンプランの最後の航海は1624年にはじまり、1625年にアンティル諸島のセントクリストファー島に到達、この島の探検へと道を開いた。こうした政策を続けることで、初の植民地帝国が生まれていく。

枢機卿の野心

　この最初の帝国はひとりの男リシュリューと、その後継者であるマザラン、フーケ、コルベールによって生まれた。彼らはこれを実りあるものにすることができたが、その後ルイ15世の時代にはこの帝国は打ち捨てられる。リシュリュー枢機卿が海に目を向けたのは、おそらくポアトゥー出身だったからであろう。スペインとの戦いで海が舞台のひとつになったのも、そのためにちがいない。フランスは1637年のレランス諸島奪還と1638年のジェノヴァ沖での勝利によって、スペインとイタリアとの連絡を断つことができた。同様に、スペインにとって艦隊用の木材やタール、アサの調達地であったバルト海との関係も、デンマークやオランダとの同盟のおかげで遮断することができた。

　この戦いの陰で、「いと徳高き枢機卿」リシュリューは艦隊を再編成し、ブレスト、ブルアージュ（現シャラント・マリティム県）、トゥーロンを中心とした常設拠点網を構想した。この基盤があれば真の海外政策を展開し、ヌーヴェル・フランスの発展に役立つだけでなく、砂糖とタバコが大きな利益を生むアンティル諸島への入植にもつとめることができる。セントクリストファー島に続いて、グアドループ、マルティニーク、ドミニカ、セントルシア、ラ・デジラード島、レ・サント諸島、サンバルテルミー島、セントクロイ島、セントマーティン島、マリーガラント島、トリニダード・トバコが征服された。当時あらゆるプランテーション経済で不

植民地の時代——新大陸発見〜1945年

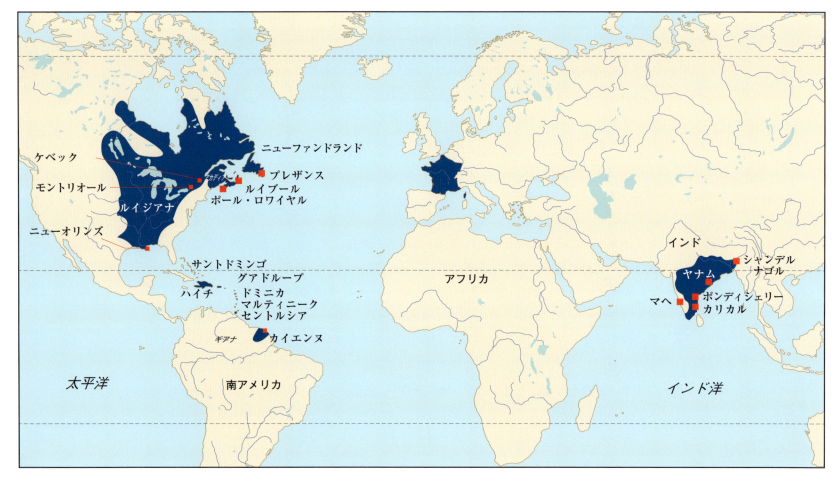

フランスの第1次植民地帝国
（18世紀初頭）

可欠だった奴隷は、1639年に獲得したゴレ島から運んだ。インド洋もなおざりにすることはなく、ブルボン島を1638年に占拠した。これはインドへと向かう第1ステップであったが、インドまで達するのはかなり後の1674年になってからである。

　というのも、この帝国が花開くのはまさに太陽王ルイ14世の時代なのである。インド会社は1664年に設立され、ポンディシェリー、ついで1688年にシャンデルナゴルに進出、その後18世紀に飛躍的に発展した。アメリカはあいかわらず領土拡大の舞台であり、毛皮を求める者たちが新たな富を求めて「上流地方」、すなわち西のほうに移住し、五大湖を、ついでミシシッピ川を発見した。ミシシッピ川のおかげで名を残すカヴリエ・ド・ラ・サルは1682年にこの川を下り、広大な土地をフランスにもたらした。彼はその地を、君主に敬意を表してルイジアナと名づけた。のちのハイチも、この当時フランスの手に入った。1664年にカイエンヌが建設されたギアナも同様である。

　これらの領土は、摂政時代やルイ15世の宰相フルーリー枢機卿時代の平和な年月に発展した。まず、ジョン・ローが不換紙幣の担保にするルイジアナでは、ニューオリンズが建設され、またかなり強制的なケースも多かったとはいえ、移民推進活動によって人口がいくらか増加した。

「ポンディシェリーのインド会社の倉庫、海軍本部、総督の家」、18世紀の版画。

植民地の時代——新大陸発見〜1945年

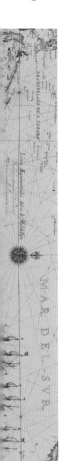

　続いてサントドミンゴではプランテーション経済が確立した。インドではヤナムに入植、またとくに1739年にはポンディシェリーに「米倉」が必要と考えたブノワ・デュマ総督の推進で、カリカルに進出した。1742年にデュマの跡を継いだデュプレクス総督の時代からは、赤字構造の取引を建て直しうるものとして、領土拡大をもっぱら進めていく。

　こうした努力はすべて７年戦争（1756〜63）で無に帰した。フランスはオーストリアと新たに同盟を結んだことからこの戦いに引きずりこまれ、その間に海外領土をすべて失った。唯一残ったのがアンティル諸島の貴重な島々で、実際この島々を基盤として前例のないほど商業が発展した。この発展は、茶、コーヒー、タバコ、そしてとくに砂糖という植民地の新しい食料への飽くなき需要によってもたらされたものであった。中でもサントドミンゴでは1740年代以降、イギリス領アンティルの島々全体に匹敵する砂糖の産出量があっただけでなく、コーヒーやインディゴ、綿花も生産された。フランス革命直前には、サントドミンゴは砂糖はアメリカ一の、コーヒーは世界一の産出地であった。18世紀後半にこれらの品物の一番の送り先であったヨーロッパ市場には、ほかにも「洗練された」品物であるあらゆる種類の贅沢品やワイン、蒸留酒、織物（「ブルターニュ風」織物、絹製品）が集まった。この経済発展はしかし表面的なものであり、すでに見たようにイギリス産業がその陰で発展していた。こうした背景から見ると、1800年にスペインから奪い返したルイジアナや、トゥサン・ルヴェルテュール総督からいっとき奪取したハイチ、ギ

とぎれとぎれのフランス

アナを中心にしてアメリカに植民地帝国を築こうというナポレオンの「大計画」は、いくらか時代錯誤のように思える。いずれにせよ不屈なイギリスはフランスに少しのチャンスもあたえず、ナポレオン戦争を終結させる1815年のパリ条約で、フランスはわずかな土地しか認めらなかった。「第2次百年戦争」は、第2の植民地帝国はイギリスの情けなしでは生まれないという確信のうちに終わるのである。

蘇る帝国

あまりにもろい体制であった王政復古政府が海への冒険に関心を示すのは内政の道具とする場合のみで、アルジェ遠征も本当の意味での植民地化をめざすというよりも、批判をそらす手段としての意味合いがはるかに大きかった。しかし「栄光の3日間」（7月革命）とルイ＝フィリップの王位就任で、状況は変化する。ルイ＝フィリップは海事に熱中する王子ジョアンヴィルを使って衰退していた海軍を蘇らせるべく大きく貢献し、また蒸気船を力強く推進した。時は探検の時代、デュモン・デュルヴィルは南極のア

ナポレオンのアメリカ大計画

植民地の時代──新大陸発見〜1945年

ナポレオン3世の帝国

デリーランドを発見した。またマヨット、タヒチ、ウォリス島の保護領化、マルキーズ諸島の併合など、植民地化がいくつか進展した。とはいえ例によって全体的なビジョンや心からの熱意は欠けていた。これはナポレオン3世にも同様にみられる要素ではあるが、そのナポレオンが流れを変える。

デュピュイ・ド・ローム
のグロワール号

マキシム・ローブーフの
ナルヴァル号

ナポレオン3世はアメリカとイギリスに何年か亡命したのち、ふたつのことを確信しつつ帰国した。フランスで産業革命を進める必要性と、海軍の必要性である。皇帝は後者のために技師デュピュイ・ド・ロームを海軍副大臣に任命し、かけがえのない協力者とした。君主の惜しみない支援を受けたデュピュイ・ド・ロームは、努力の末にスクリュー駆動の蒸気船を生み出した。最初に作られたナポレオン号は1852年に進水し、クリミア戦争では同盟国の帆船を率いる重要な役目を果たした。さらにこの戦いの経験で木造船では炸裂弾に抵抗できないことが分かると、初の近代的装甲艦の建設がはじまり、1859年にグロワール号が作られた。1860年代半ばになるとフランスは世界初の装甲艦隊を持ち、1867年にはフランス海軍は400隻、うち装甲艦34隻という規模で世界2位に達した。この強力で近代的な海軍のおかげで、2度目の植民地帝国が誕生する。1853年にニューカレドニア併合、1862年にコーチシナ獲得、その1年後にはカンボジアが保護領となった。アフリカではフェデルブをセネガル総督に任命してダカールを建設、ガボン沿岸部やジブチのオボックを獲得した。いずれも新たな海軍に不可欠な寄港地であり、スエズ運河開通によって重要性の増した紅海への足がかりでもあった。さらにマダガスカルに領事館を設置し、チュニジアで軍事顧問団の存在感を強めるなど、将来の植民地の基礎が築かれた。帝政崩壊当時の植民地は、広さ100万平方キロメートル、人口

植民地の時代──新大陸発見〜1945年

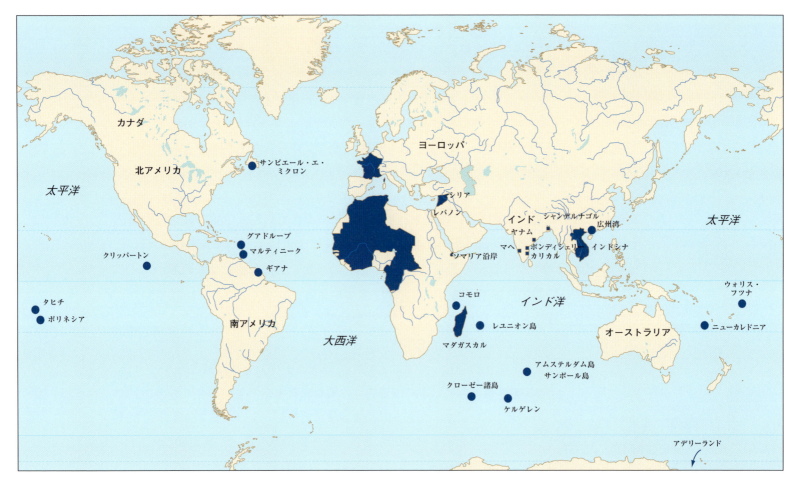

第3共和制時代の帝国
（20世紀初頭）

とぎれとぎれのフランス

現代のフランス。水域面積世界2位
（21世紀）

500万人に達していた。

　とはいえもはやよく知られている振り子の揺りもどしで、第3共和国は当初海軍を「贅沢軍」と、植民地を負担とみなした。マキシム・ローブーフが作った初の潜水艦ナルヴァル号も活用されないままであり、当然の結果として第1次世界大戦がはじまる1914年当時の海軍は考えが浅く、実りも少なかった。植民地にかんしては、批判を受けるもののジュール・フェリー首相が拡張政策を推進し、第2帝政時代を基盤として活動を続けた。安南、トンキン、ラオスを含むインドシナが生まれ、一方フランス領赤道アフリカと西アフリカに加えて、ソマリアの沿岸やマダガスカルを植民地にした。中国のいくつかの支配地、モロッコやチュニジアの保護領で、全体が完成する。

　フランス植民地帝国はカメルーンとトーゴの併合、国連の要請によるレバノンとシリアの委任統治により、両大戦間に頂点を迎えた。同時にジョルジュ・レイグ海軍大臣は海軍衰退の流れを変え、フランス海軍を世界4位にまで高めた。とはいえ前を行くイギリス、アメリカ、日本には大きく差をつけられていた。この帝国は第2次世界大戦を乗りきることができず、植民地と緊密な関係を結んでいただけに分離はとりわけ苦しいものになった。これは、1918年以降海外領土をすべて失ったドイツにとっては、直面する必要のない問題であった。

ドイツ帝国、深海獲得をめざして

　ドイツは遅れて海にやってきた。その沿岸地方からみて海への使命を運命づけられていなかっただけでなく、それ以上にドイツは細分化されていたからである。統一したドイツはみずからのなかに海への野心を感じ、海軍と海外帝国を発展させたが、その当時はすべてがかなり古典的であった。もっと異例なことに、ドイツは初めて潜水艦部隊の存在意義を信じた国であり、それによって第1次大戦で勝利をおさめる可能性さえあった。第三帝国は何年かしてふたたびその部隊を使うが、戦いの流れを変えるにはいたらない。

抑制された拡張

　ビスマルクはイギリスを刺激しないよう配慮して、植民地獲得に乗りだすことに非常に慎重であった。イギリスは海上進出を一切つつしむことを条件に、ドイツのヨーロッパ大陸上での覇権を認めた。そのためドイツは海上での領土拡大を、植民地会社の所有地を少しずつ保護していくという形でのろのろと実現していくだけであった。

　当時ドイツ帝国はアフリカとオセアニアというふたつの大陸に支配地をもっていた。1860年代半ばからドイツの商社がサモアに建てられていき、イギリスの承認後1884年から1888年の間にこれらの島々だけでなく、ニューギニアの一部（すぐにヴィルヘルム皇帝の地(カイザー・ヴィルヘルムスラント)と命名された）、ビスマルク諸島、マーシャル諸島、ナウル、ソロモン諸島北部を獲得した。同時にアフリカ南西部のトーゴやカメルーン、ドイツ領東アフリカやルアンダ＝ウルンディも、この帝国内に組み込まれた。

　わずかとは言えない進出ではあるが新皇帝ヴィルヘルム2世はこれを不十分と考え、国の未来にとって戦略的に重要だと自分が判断する分野にビスマルク首相が意欲を見せないことを不満に思った。産業革命による経済変化からみても、皇帝のこの考えは正しかった。というのもこの経済変化には、いくつかの原材料の安定供給と閉鎖市場の所有が不可欠だからである。このアプローチの違いを大きな理由とし

「南太平洋は明日の地中海だ」。ドイツの風刺誌「クラッデラダッチュ」、1884年。

ドイツ帝国、深海獲得を目指して

て、ビスマルクは1890年に世論からほとんどおしまれずもせずに退任した。

　以後、植民地の資源を最大限生かすようはかられた。太平洋の領土では、リン、ゴム、コプラ（ココヤシ）、その他熱帯材、コーヒー、カカオ、真珠の生産に力が入れられた。トーゴでは、カカオのかたわらに綿の木を導入し、ゴムやアブラヤシも含めて農場植民地に転換した。カメルーンはゴム、油、ヤシの実、カカオ、象牙を、東アフリカはコーヒー、ゴマ、綿花を産出した。南西アフリカは、銅から鉄まで鉱物資源が豊かな土地であった。

　しかし重要な土地はすでに支配されており、領土拡大の夢にはかぎりがあった。それでもドイツはロシアとの歩みよりで1897年に中国の膠州湾と青島を手にし、また1895年には天津も獲得して植民地にくわえた。ドイツの勢力がしだいに山東省全域に拡大すると、日本は激しくい

アフリカのドイツ帝国
（19世紀末）

植民地の時代——新大陸発見～1945年

らだち、以後イギリスとの関係を強める。

　ヴィルヘルム2世は領土拡大に対するみずからの野心を抑える方向で見なおさざるをえなくなり、ドイツの経済的利益を増すことに力点をおくようになった。1903年からはドイツとオスマン帝国を結ぶベルリンとイスタンブール間の鉄道建設という象徴的な事業を推し進め、さらにラテン・アメリカへの投資を奨励した。1818年ごろにブラジルに初めて入植、1880年にはドイツ人共同体の人数は20万人近くにのぼり、ペドロ2世と緊密な関係を築いた。ドイツの企業はブラジルに大量に進出して商社や銀行を開設し、ブラジルの地方鉄道網の発展にも大きく貢献した。スペイン語圏の国々もこの動きをまぬがれなかった。アルゼンチンやペルー、ウルグアイ、チリに古くから存在するドイツ人共同体は、ドイツ経済が発展するための土壌であったからである。一般企業だけでなく多くの軍隊がこの地域に派遣され、軍・産が結束して最大の利益をあげられるようはかられた。エミル・ケルナー将軍は

太平洋のドイツ帝国（19世紀末）

ドイツ帝国、深海獲得を目指して

1891年のチリ内戦のときに議会派軍を養成し、1900年から1910年にはみずから最高指揮官の職務まで引き受けている。

　こうした経済拡張政策は産業モデルの刷新に苦労していたイギリスにとって利益になるものではなく、イギリスはしだいにヴィルヘルム2世の覇権への夢に苛立っていった。実際ヴィルヘルム2世は、それまで商船の保護と領海の防衛だけにあたっていた海軍を拡充させようと、その任をアルフレート・フォン・ティルピッツ海軍少将にゆだねた。1898年に成立した初の艦隊法は、ドイツ帝国海軍が世界規模で展開し、北海のイギリス海軍に対抗しうるものになることをひたすらめざすものであった。そのためには基地網が必要であることから中国の青島を建設、また同じ目的のために1899年にはスペインからニューギニアを購入してラバウル港を作った。さらにマリアナ諸島、パラオ諸島、カロリン諸島を加えて太平洋対策を強化し、同じ1899年にサモアをアメリカと分割した。

　こうした野心によって、イギリスとの間で緊張が高まっていった。ボーア戦争でひそかにボーア軍を支援し、またモロッコで挑発的な態度

「ドイツ植民地帝国の旗を掲げる現地兵士」、東アフリカ、1910年頃。

植民地の時代——新大陸発見〜1945年

をとった（これをきっかけに、ドイツは1911年にカメルーンの支配領域を拡大する）ことで、さらに火に油をそそぐばかりであった。第１次世界大戦の敗戦でドイツ植民地帝国は分割され、フランスはカメルーンとトーゴを、ベルギーはルアンダ＝ウルンディを、イギリスはナミビア、タンガニーカ、ニューギニア、サモア、ナウルを、日本はマリアナ諸島、マーシャル諸島、カロリン諸島を手に入れた。この戦いでドイツは海の歴史上初めて海中の支配をめざしたが、失敗した。

海中の戦い

　ノーティラス号の試作が作られたのち、1844年にプロスペル＝アントワーヌ・ペイエルヌがベルドン号を考案したことで、空気を再生できるシステムをそなえた真の潜水艦が初めて誕生した。フランス生まれのこの新技術は粘り強いナポレオン３世の後押しで長い時間かけて改良され、1863年にプロンジェール号が完成した。これは圧縮空気式エンジンをそなえた初の潜水艦である。
　この種の船はそれまで科学的領域にとどまっていたが、アメリカの南北戦争をきっかけに用途を変えた。この戦争で南部軍のＨ・Ｌ・ハンリー号が初めて船を沈没させたからである。これによって戦争の流れを変えることはできなかったものの、あらゆる大国がこの分野に関心をもちはじめた。パイオニアであるフランスはここでも初めて兵力として潜水艦を所有し、大戦直前には大部分の大艦隊に潜水艦をく

ドイツ帝国、深海獲得を目指して

わえた。

　しかしこうした武器は所有するだけでは十分でなく、使いこなせなければならない。この点でドイツはすぐに頭角を現した。第１次大戦はあらゆる点で過去との断絶を記したもので、初の工業戦争であるとともに、まさに初の経済対決でもあった。生産システムの再構成によって、旧大陸の大部分の国は外国からの供給を頼りにするようになっていた。こうした要素はいつの時代にも存在したが、これほど死活問題になったことはこれまでになかった。たとえばイギリス経済を回すほぼすべてのものが外国から来ていた。戦争に入るときに、イギリスには備蓄食糧が８週間分しかなかったほどである。こうした背景であれば、食糧補給線を断つことがヴェルダンで勝利をおさめるのと同じぐらい重要な目的になる。イギリス軍が封鎖によってドイツから馬糧、羊毛、亜麻、銅、ニッケルを奪ったのに対して、ドイツのほうはバルト海から連合国の船を締め出した。これによってロシアへの物資供給が困難になり、帝政ロシアの瓦解へと直接つながっていく。

「ドイツ帝国海軍の巡洋艦ザイドリッツ」、ユトランド沖海戦後。

　とはいえ潜水艦はほとんど使われず、敵国はそれぞれ水面上

の船団に任せた。1916年5月31日には、ユトランド沖海戦でジェリコー率いるイギリス軍とシェール率いるドイツ軍が戦ったが、勝負はつかなかった。勝つ自信のなかったドイツは船を岸に残すことにしたため、新たな海上戦術を考える必要に迫られた。こうして敵の連絡線を断つことを目的とした初の海中の戦いがはじまった。1916年にはじまるこの対決は、Uボートが沈めた船のトン数からみてドイツが勝つ見込みが高いだろうと、早い時期から予想された。1917年4月の1か月間だけでも、117万5654トン分の船が沈められた。造船所から毎月15万トンの商船しか出せないにもかかわらず敵に60万トン沈められるのだから、イギリスにとって事態は絶望的であった。しかしそこでイギリスは、護送船団を組むという方法のおかげで、ぎりぎり難局を切り抜けた。潜水艦は敵船を沈めたければ上に上がらなければならない。そうなればほかの船にさらされた状態になるのだから、中止するか弱さを見せるかのどちらかの選択しかないではないか。

　いずれにせよひどい目にあった連合軍は、よくある古典的な方法として、ヴェルサイユ条約でドイツに海軍をふたたび強化することを禁じた。第三帝国は第2次大戦前夜に潜水艦の建造を再開するが、その数は決着をつけるには十分ではなかった。ドイツはまた護送船団への対応策として、それぞれの潜水艦に担当範囲を割りあて、有名な暗号機エニグマを介してほかの船に通報させるという方法を考案したが、集団で攻撃できるこの「群狼作戦」が効果があったのも、せいぜい連合軍がエニグマを解読するまでであった。これを解読した連合軍は敵の潜水艦の動きがつかめるよ

ドイツ帝国、深海獲得を目指して

うになったうえ、海上レーダーと水中音波探知機という新たな機器もあって、敵を打ち破りやすくなったのである。かくしてドイツはその海中帝国を完全に失った。

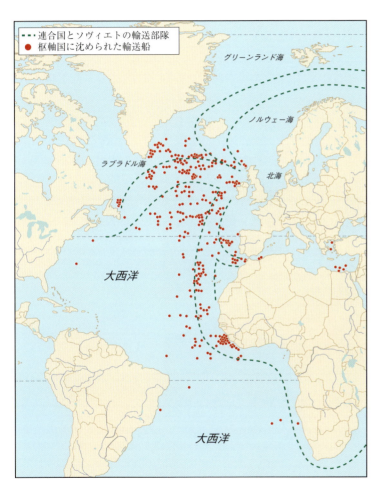

第2次世界大戦時のドイツの潜水艦攻撃

「豊島沖海戦」、日本の版画、日清戦争（1894〜95）の最初の海戦。

日本、陸と海のあいだ

　アジア大陸の富の魅力に抵抗できない日本は、明治維新によって野心をとりもどす。しかし太平洋に目を向けるのはずっと後のことで、シベリアでの失敗のためであった。

植民地の時代──新大陸発見〜1945年

明治時代

　明治時代に日本が近代化を強行するにあたっては、旧大陸諸国の脅威というよりは、日本を太平洋に障害物なく乗りだす手段とみるロシアの狙いを恐れていた。当初自国の周囲を安定させたいと思った天皇のもとで日本政府は、主権に異議が申し立てられていた千島列島と樺太をめぐる緊張をやわらげるため、ロシアとの交渉を開始した。1875年の樺太・千島交換条約で、千島列島は日本、樺太はロシアのものとなった。

　伝統的なアジア大陸への拡張政策を再開するため、当時の日本は軍事力強化につとめていた。1894年、準備完了。日清戦争で日本は近代的な船28隻と魚雷艇24隻を有していた。敵の中国海軍はたしかに近代化しており規模も勝るが、射角を大きくできる回転式の砲台をすでに有する日本に対して、いまだに固定型の大砲に頼っていた。結果、中国海軍は鴨緑江で敗走し、陸軍は平壌で大敗した。

　1895年の下関条約で、朝鮮の独立と、台湾、澎湖諸島、遼東半島の併合が定められたが、遼東半島にかんしては旅順をシベリア横断鉄道の出口にしたいロシアが反対した。ロシアはフランスやドイツを味方につけることに成功し、中国での利益を守るという口実で天皇に観念させた。あざとい取り決めで、1898年にロシアは旅順を、イギリスは威海衛を、ドイツは膠州を、2年後にフランスは広州湾を租借地とした。もっとひどいことに、こうした分割から生じた義和団の乱に乗じて、ロシ

アは満州を占領した。

　無念の日本は反撃を望んだ。ナショナリズムを傷つけられたうえに、経済的圧力が強くのしかかっていた。事実、1904年にアメリカ政府は日本人労働者に対して新しい労働契約を結ぶことを一切禁じて、19世紀から人口抑制策として続いていた伝統的な移住地を閉鎖した。そのため新たな領土と新たな資源を探すことが不可欠になった。

　日露戦争もその延長線上にあった。対馬海峡でバルチック艦隊を破った結果、ついに日本は遼東半島を占領し、樺太南部をとりもどし、朝鮮を保護国化したのち1910年に併合した。こうした伝統的な目標でとどまるどころか、日本はさらに南満州に手をかけ、はるかに野心的なねらいを見せつけた。第1次大戦では連合国側につき、ドイツから太平洋上の島々を奪って統治領とする許可をえた。こうしてマリアナ諸島、カロリン諸島、マーシャル諸島が手中に入った。また山東省のドイツの租借地が返還されたが、こ

明治時代（1868～1912）の拡張

れは当時あまり重要視されていなかった。日本は西洋諸国が戦時的経済に集中するため撤退したことを利用してアジア市場での勢力を奪おうとするとともに、連合国からの執拗な要請をうまく使ってロシアに介入し、シベリアと極東への進出にもとりかかった。シベリア沿岸地方の主要な港や町を7万人の兵士が占拠し、ザバイカル州の自治州化を目指す首唱者セミョーノフを支援してこれに託したものの、あきらめざるをえず、日本軍は1920年にウラジオストクに退却した。しかしロシアから完全撤退するのは1922年10月になってからであり、それも未練を残しつつであった。

大東亜共栄圏

　戦後日本は経済的に微妙な状態におかれた。アメリカへの移住はますます複雑になり、オーストラリアは白人の移住にかぎっていた。この伝統的な人口過密調整手段が失われたうえ、ヨーロッパの市場は1927年から日本製品を締め出した。こうしたことが相まって生活圏を獲得したいという意思が生まれ、日本は石炭と鉱物を獲得する手段としての満州と、石油とゴムのためのマレー諸島とマレーシアという、ふたつの戦略軸を定めた。長いあいだ大陸志向であったが、シベリアでの失敗の経験から最終的に海洋を選んだのである。

　格好の的となったのは、軍閥によって分裂していた中国である。周辺の混乱状態

日本、陸と海のあいだ

中国の万里の長城で歩哨に立つ日本兵、1937年。

を利用して、日本は1931年に満州を占領、国際的な国家にみせかけるため日本の保護下に満州国を建国した。そのトップには、満州に起源をもつ清朝最後の皇帝、愛新覚羅溥儀をすえた。

　この最初の進出が実現すると、日本は中国にもっと直接的に介入していった。1935年には勢力を広げるため河北自治運動を支持し、1939年にはモンゴル人を支援して蒙古連合自治政府を樹立させた。1937年に日中戦争が起こると、日本軍は当初は成功をおさめるものの、中国軍の執拗な抵抗にあい、蒋介石を倒す望みを断たれた。しかしこの困難な状況にあっても日本陸軍はかつてのシベリア征服計画を復活させて、新たな戦線を開いた。国境をめぐってソ連と意図的な紛争がくりかえされたのち、1939年7月から8月にノモンハンで本格的な戦闘がはじまった。そして7万5000人の日本兵とジューコフ率いる5万7000人のソ連兵が戦ったが、軍需品の不足と装甲車の性能の悪さによって、日本は手痛い敗北を喫した。8月23

植民地の時代──新大陸発見〜1945年

日本の中国への進出とシベリアでの対立（20世紀初頭）

ノモンハンでのモンゴル兵、1939年。

日にドイツがソ連と不可侵条約を結んだことにより第2の戦線の希望を失うと、日本は甘んじて休戦を受け入れた。第2次大戦の流れはここで決定したと思わざるをえない。というのも、ここで日本とドイツが協力していれば、おそらくソ連を打ち負かしていただろうからである。第2次大戦中にドイツがソ連に対してバルバロッサ作戦を始めたとき、日本はすでに太平洋に向かうことを決めていた。

大日本帝国の傀儡である「大東亜共栄圏」に主権国がくわわっているようみせるため、1940年3月、中国に実権のない政権が成立した。この日本の拡張主義を原因として、アメリカ、イギリス、オランダは石油製品の通商禁止を決定し、これが紛争の引き金となった。そして真珠湾攻撃を端緒として、マレーシアやフィリピン、マレー諸島、ビルマ侵略がなされた。戦いの転換期となったのはミッドウェー海戦である。もし日本が勝っていたら、ハワイは日本のものになり、アメリカの奪還作戦ははるかに複雑になっていただろ

植民地の時代──新大陸発見〜1945年

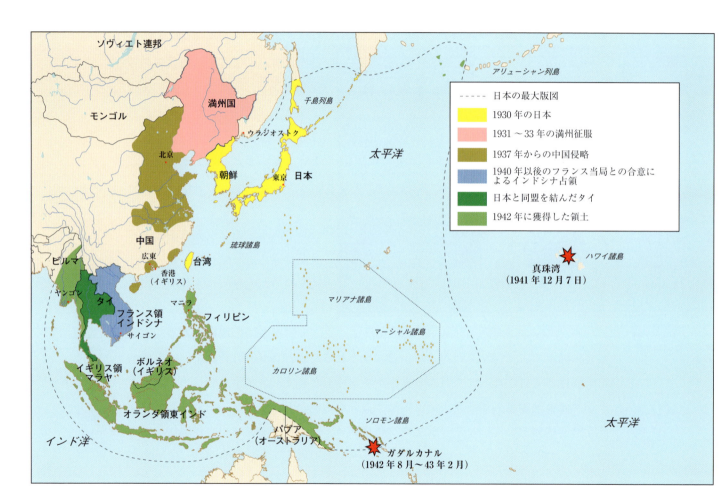

日本の拡張（1931〜42）

う。とはいえアメリカの経済力と産業力を考えれば、戦いの結果は明らかであった。第２次大戦の偉大なる勝者であるアメリカは、つぎには新たな脅威ロシアと海上対決をしなければならなかった。

ロシア、遅すぎた登場

　ロシアが海に出るのは遅かった。何世紀も他国に取り囲まれてきたロシアはイヴァーン雷帝時代に初めて道を開き、その後ピョートル大帝時代に長期間にわたってバルト海沿岸に根を下ろした。この時代から「熱い海」へたどり着きたいという執着心が生まれ、その目的を果たすために、最初は北太平洋のみずからの帝国を経由して行くことを考えた。その後ソヴィエト体制下になると、この国は世界的な拠点網を築いていく。

ロシアの発見」、帝国サンクトペテルブル
フ・アカデミーが発表した地図にもとづく。
マス・ジェフリーズ、ロンドン、1776年。

植民地の時代──新大陸発見〜1945年

熱い海への道

　ロシアの海の歴史は16世紀のイヴァーン雷帝による遠慮がちなデビューから始まった。雷帝は交易の中心を河川網に集中させたまま、モスクワ大公国の国境を白海まで広げたのである。とはいえこの進出は些末的な事柄で、ロシアが海との関係を永続的に変えるのは17世紀末のピョートル大帝の時代である。ここでは海に情熱を燃やしたこの皇帝について見てみよう。皇帝の関心事（西洋および交易に自国を開く）が花開くには、海洋への扉が帝国の南にも北にも必要であった。タタール人との戦いでは黒海への出口を期待するが、この希望は長く続かず、1696年のアゾフ奪取も一時的な勝利にすぎなかった。スウェーデンのカール12世との戦いではもう少し幸運で、はじまりこそ悲惨であったが、ポルタヴァの戦いでの勝利によって、ロシアはバルト海沿岸のヴィボルグからリガに至る地帯に長く定着することができた。カスピ海上への進出はあまり知られていないが、無視できないものである。ペルシア遠征で、ウラル川沿いのグリエフからテレク川の三角州にあるキズリャルに至る沿岸地帯を手中にしたからである。疲れ知らずのピョートル大

「神の摂理ゴト・プレデスティナチア」号、1711年、アゾフ海でのロシア小型艦隊の旗艦。

ロシア、遅すぎた登場

ピョートル大帝からエカチェリーナ2世時代のロシア帝国の拡張（17世紀末〜18世紀）

帝はさらに北部ルートで中国へ向かう航路を開くという古くからの夢をかなえようと、デンマーク人船長のヴィトゥス・ベーリングを呼び、1725年以降実現させた。また別の2度の遠征ではアラスカ沿岸を認め、将来の布石を打っている。

　こうした海への野心を同じようなスケールで見せるのは、半世紀近くも後のエカチェリーナ2世である。この女帝は「熱い海」、すなわち凍らない海へ至る道を獲

243

得したいという思いにとりつかれたあげく、子どもの1人にコンスタンチーンという名前までつけている。彼女の考えによると、息子はいずれオスマン帝国の監督から解放されるギリシア王国のトップに立つよう運命づけられている。そのオスマン帝国の首都はコンスタンティノープルだというわけである。ロシアは同時にベッサラビア、モルダビア、ワラキア、ブルガリアまで併合するだろう。そしてついに地中海に出てエーゲ海のふたつの島を獲得し、海軍基地にするのだ。この計画は1769年にロシア海軍が初めて地中海に登場したときに実現しかけた。オルロフ提督はギリシアで反乱を挑発することには失敗するが、オスマン艦隊を沈め、1774年の講和条約調印に直接的に貢献した。ロシアはグルジアとベッサラビアの返還を強いられるものの、アゾフ、タガンログ、イェニカレ、ケルチの各港を獲得、これにより黒海へいたる道を恒久的に確保した。このルートが一段と堅固になったのは、1783年のクリミア併合から新たな戦いが始まり、1792年に女帝が黒海西岸をすべて手中にし、ドニエストル川が新たな国境になったからである。バルト海のことも忘れてはいない。スウェーデンが支配していたクールラントとリトアニアを1788年に併合したことで、ロシアはこの地域に初めての不凍港、ビンダバを獲得する。

エカチェリーナ2世の拡張計画（18世紀末）

その後の歴代皇帝もこの努力を続けるが、熱い海に至る道は以後得られなかった。とはいえアレクサンドル1世はフィンランドを奪ってバルト海への出口を大きく拡大するとともに、バクーを含むペルシア領カフカス全域を征服してカスピ海の支配を強めた。この皇帝が目指した黒海は、ニコライ1世がついにグルジアを手にしたことで支配下に置くことができた。ニコライ1世はオスマン帝国解体計画を引き継ぐものの、クリミア戦争でその野心は砕かれた。こうしたロシア南部での発展は、1869年のクラスノボツク奪取が最後となるが、これによりロシアはカスピ海東岸をすべて獲得する。

「ロシア海軍とオスマン海軍によるチェシュメの戦い」、1848年。

北太平洋の会社

ロシアの東への進出は毛皮取引という形で実現した。動物がたりなくなるに従って猟師が進んでいったからである。シベリアのクロテンがすべていなくなると、猟師たちはベーリング海峡を越え、アラスカ、アリューシャン列島、千島列島へと入植していった。それは計画性のない動きであったが、商人のアクサンドル・バラノフが総督に任じられたことで秩序立っていった。

バラノフは毛皮を扱う露米会社の責任者として太平洋レベルでものを考え、太平洋上の交易で強い力を握ろうと思った。そこで彼はアメリカと結び、毛皮をアメリ

カのラム酒やイギリスのラシャと取引した。さらにアラスカ沿岸を進んで、サンフランシスコまであと100キロという位置にあるフォート・ロスまで少しずつ手に入れ、カリフォルニアでひと稼ぎしようとしたが、そこではスペインの強い反発に遭った。一方ハワイ（ハワイ王のカメハメハ2世は一時ロシア皇帝に宗主になるよう求めた）方面も検討したが、その見通しもイギリスの反対によって無に帰した。とはいえ露米会社が繁栄しなかったわけではなく、1800年代にはこの会社は2000万ルーブル近い毛皮を輸出していた。それに加えて、鋼鉄、鉄、銅、ガラス、磁器、綱具、木材、タバコ、獣脂、織物も輸出した。この会社は当時、アメリカ、カナダ、中国、日本、ハワイ、チリなど広範な商業圏を有して、小麦、大麦、油脂、塩、肉を輸入した。

こうした安定的な状況に加えて、ニコライ1世の時代には極東が征服された。ロシアに現在の顔をあたえたこの皇帝は、38歳の若き将軍ニコライ・ムラヴィヨフをイルクーツクとエニセイスクの総督に任命し、中国との国境を画定し直すという明確な任務をあた

北大平洋におけるロシアの勢力（19世紀初頭）

えた。1689年のネルチンスク条約以後、ロシアはアムール川の航行権を失い、川に隣接する土地の監督権を中国と分け合っていたからである。若き総督はこの任務にとどまらず、コサック部隊と解放農奴を使って、通商の拡大と荒涼たるこの地域の人口増加にも努めた。ムラヴィヨフは中華帝国を前にして、あらゆる出来事を利用して自分の駒を進める能力もあった。たとえば第2次アヘン戦争が1858年のアイグン条約調印を勝ち取る手段となり、これによってアムール川がロシアと中国の国境となって、太平洋への出口が確保された。中国の円明園の略奪後に奪ったもうひとつの成果として、ニコライ1世は北京条約によってアムール川南部の土地を獲得した。精力的な総督はさらにウラジオストクを築いたが、これはたびたび氷にやられる港であった。よって、もっと南に位置する旅順の征服は、当然の結果であった。

　こうした目覚ましい拡張はアレクサンドル1世で終わりを告げる。この皇帝は、南極大陸発見につながるベリングスハウゼンの遠征を援助したことからも分かるように、海事に熱心であったが、厳しい財政難に直面していた。太平洋上の自国領は露米毛皮会社が破綻して以来ほとんど魅力はなくなっていたが、アレクサンドル2世はこれをイギリスに奪われることを恐れた。こうした状況にあっては、アラスカと北太平洋の島々を700万ドルでアメリカに売却したことは見事な取引であったと思える。ソヴィエト時代になってからの後継者たちは冷戦の一環として世界に輝く艦隊を展開してみせなければならなかったが、物事の見方はまったく異なっていく。

ソヴィエト帝国

　ソヴィエト海軍は長い間象徴的な役割しか果たしてこなかった。バルチック艦隊の基地クロンシュタットの水兵たちは、10月革命で大きな役割を果たしたことから特別なエリート部隊となったが（後のボルシェビキ政権に対する彼らの反乱は注意深く隠蔽された）、それはとくに重みのあるものではなかった。また、1905年にバルチック艦隊が旅順を日本から守るために行った航海は、バルト海と白海を結ぶ運河の建設と北極海航路の実現というスターリンの意向にはたしかに貢献したが、そこに本当の海への野心を見ることはできない。

　有名なこの北極海ルートは1911年以降蒸気船コリマ号が砕氷船に助けられつつ定期的に利用したもので、「大祖国戦争（第2次世界大戦）」のときにはソ連に西洋の物資を供給するという重要な役割を果たした。ソヴィエト海軍の損失の大部分はここでもたらされたもので、犠牲になった船は137隻、うち103隻は潜水艦であった。海軍はほかにはもっぱら河川での使命を果たし、スターリングラード攻防戦ではヴォルガ川の小型艦隊が赤軍の陣地に兵士や物資、食料品を輸送して、勝利に大きく貢献した。

　外洋に出る本当の意味での海軍は、数十年にわたって海軍の運命を握るゴルシコフ提督の推進によって、この戦いよりも後に生まれた。4つの艦隊が作られた中で最大規模を誇ったのは北方艦隊で、北極圏内に位置するコラ半島に停泊し、水上船

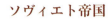

黒海艦隊の戦艦、1910年代。

の大半と潜水艦の半数を擁した。潜水艦の残りの半分は、極東ロシアのウラジオストクを基地とする太平洋艦隊に配備された。この艦隊はほかに水上船も利用することができた。一方レニングラードとカリニングラードを基地とするバルチック艦隊とクリミアを中心とする黒海艦隊は、小部隊を擁した。

　海軍のこうした配置と規模は、敵船の破壊を基礎に置くドイツ式の方針に基づいていた。実際ソ連にとって重要な戦いの場はヨーロッパであり、その戦略のベースはアメリカの援軍到着を妨げている間に決着をつけることであった。よって海から陸へという行動は検討されず、ソ連の艦隊は航空母艦や上陸用船舶ではなく、潜水艦に頼った。

　1958年、ソヴィエト海軍はアメリカ海軍に次いで世界第2位の海軍となり、この地位を1985年まで保ちつづけた。この年には、1742隻の戦艦や水陸両用機、支援船を保持しており、艦隊をいつでも海外で展開することが可能であった。1970年代に始まったこの政策は、「兄弟体制国」がもつすべての錨地を前提としていた。だから地中海を縦横に走る35〜40隻の船はシリアやリビアの港を自由に使い、インド洋では25隻の船が南イエメンやエチオピアの基地を利用することができた。南シナ海では15隻の船がベトナムの港を使い、西アフリカでは5〜8隻がアンゴラを拠点として活動した。同様にキューバでは、3隻の船がカリブ海で存在感を保つことができた。しかしこの真の世界帝国もペレストロイカには勝てず、敵国アメリカだけを世紀の変わり目の舞台に残していった。そのアメリカが21世紀の唯一

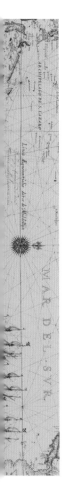

の帝国になるのだろうか？　ライバルは少しずつ現れてはいるものの、まだアメリカの命令権(インペリウム)に異議を申し立てることはできない。

ロシア、遅すぎた登場

ソヴィエト帝国（20世紀）

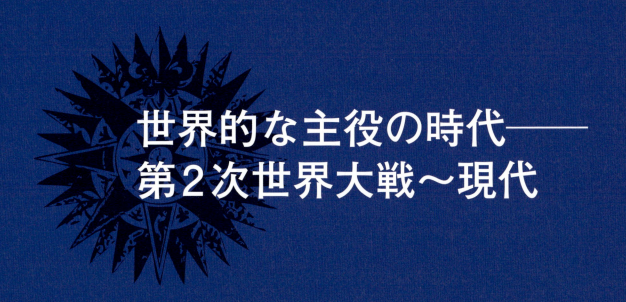

世界的な主役の時代──
第2次世界大戦～現代

世界的な主役の時代──第2次世界大戦〜現代

太平洋で展開するためサンディエゴ湾を出る沿海域戦闘艦フリーダム、2013年3月。

超大国アメリカ

　アメリカの海への野心は、キューバ、プエルトリコ、ハワイ、フィリピンへの植民地遠征が示しているように、19世紀末に生まれた。アメリカの外交政策はそれまで大部分モンロー主義に従っていたが、パナマ運河建設とともに新たな方向へと向かった。1914年に完成するこの運河によって、ホーン岬まで下りずに大西洋と太平洋を船で行き来できるようになったからである。両大戦、とりわけ第2次世界大戦によってアメリカはリーダーシップを発揮できるようになり、冷戦の終結で海上の唯一の支配者となる。

世界的な主役の時代──第2次世界大戦〜現代

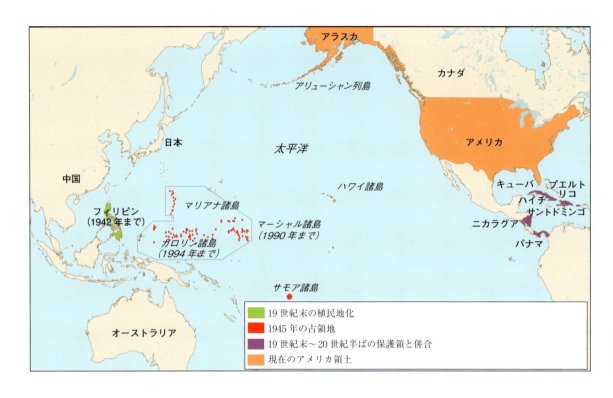

アメリカの植民地と太平洋での拡張（19〜20世紀）

凡例:
- 19世紀末の植民地化
- 1945年の占領地
- 19世紀末〜20世紀半ばの保護領と併合
- 現在のアメリカ領土

冷戦後の再建

　アメリカ帝国の衰退を訴える人々は誰でも、アメリカ海軍の規模が明らかに徐々に縮小していることと、いくつかの基地を閉鎖していることを強調するが、アメリ

カが今でも並外れた海軍力を有していることは往々にして口にしない。この世界最大の海軍は約10隻の航空母艦を有し、あらゆる大洋に点々と並ぶ一連の錨地を使えるのである。たとえば北大西洋ではアソーレス諸島、インド洋ではディエゴガルシア島、太平洋ではグアム島や沖縄である。

とはいえ、ロナルド・レーガン大統領の任期末期に585隻の船を擁していたアメリカ海軍が現在は220隻なのだから、量的な縮小は疑いようがない。このアメリカ海軍の規模の変更は単なる予算上の理由だけによるものではなく、セブロウスキー中将の理論「ネットワーク中心の戦い」のコンセプトを取り入れた戦略の修正に基づくものである。1990年代に発表されたこの理論によれば、情報技術や通信技術の普及によってアメリカ軍は情報における優位性を確保し、それによって戦場全体での勝利を確実にしなけれぱばならない。情報の収集や分析、伝達を主導し、意思決定プロセスを短くすることが、決定的な利点となる。収集した情報を全部隊にリアルタイムで伝えることで共通の作戦状況をほぼ即時に描くことができ、最適な場所にいる部隊が敏速に行動をとることができる。そのため陸海空全軍の融合が進み、かつての情報交換の時代から軍を統合する時代となり、全体を調整するアメリカ統合戦力軍（JFCOM）が指揮を執るようになった。

この文脈では、作戦海域に適切な部隊を即座に配置することのほうが、地球の海洋全体を常時カバーすることよりも重要である。この至上命令を満足させるために、船は変容可能なものになった。ひとつの同じ船が、水上船、潜水艦、航空機のいず

れにも対応できる装備をもち、また特殊部隊を乗せられなければならないということで、112〜134のモジュールを搭載するタイプの56隻が登場、77〜88隻の従来型の船にとってかわった。それが沿海域戦闘艦（LCS）である。

　この新しい方針はたとえばサダム・フセインに対したような古典的な戦いでは成功をおさめたが、テロの脅威に対しては効果がないことが明らかになった。そのため2001年9月11日のテロ後には、もともとの海の特性が再び注目された。

9.11の衝撃

　9.11のテロは海に対する見方を見直させた。アメリカ的生活を続けるには貿易の維持が不可欠であり、そのためには領土の付近だけでなく大洋上の航路や空路の安定が必要である。それはいわば、力のある国が通行の自由や、脅かされることなく安心して港まで航行する権利を守ろうとする、伝統的な意味での海の受容に立ち返ることである。アメリカ経済は大洋と切り離せないものであるため、このふたつの要素はどちらも国の安全のために必須のものとみなされる。

　この戦略の中心である「海洋領域認識」の目的は、海と空の領域に関係する活動全体を知ることにある。それが国家の安全、経済活動、環境保護に影響を与えうるものだからであり、そのために衛星網や電波標識、レーダー、沿岸信号所、海軍航空隊、港のスキャナーが配置された。情報は処理され、以後所属は違うが一組織に

統合されたアメリカ海軍と沿岸警備隊に伝えられる。この組織だけで、アメリカの伝統的な領海線の向こうであってもなんらかの行動を確実に行わせることができる。

とはいえ海を通るすべての船の監督、あるいは少なくとも追跡をしようしても、予算制限にぶち当たる。その原因となったのは、イラクやアフガニスタンでの苦境、そしておそらくもっと心配な経済機構の不振である。だからこそアメリカ政府は、世界の海上管理を実現する唯一の方法として、国際協力を訴える。アメリカ海軍司令部作戦部副部長モーガン中将は多くの場でこの意向について言及し、世界規模のネットワークの基盤となる1000隻の戦艦をもつ海軍を提唱している。

この国際協力への呼びかけでは、自覚の必要性が強調される。アメリカが世界一の海軍を有しているとはいえ、もはやそれだけでは海洋全体をコントロールすることはできない。そのため、重要度の低くなったいくつかの海域は現地の部隊に任せたいという考えが生まれた。アメリカ海軍は地中海と大西洋を同盟国に委ねて、みずからは中国の野心に対して国防総省上層部が懸念を強めているインド洋と太平洋に集中するためである。

アジアの再編成

ヨーロッパの海図では地中海や大西洋が中心であるため、フランス人はときとしてアメリカが太平洋にも面していることを忘れてしまう。しかしアメリカの海外領

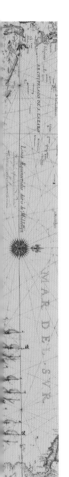

土の大半は太平洋に位置している。これらの錨地が最重要なものであることが明らかになったのは、真珠湾攻撃後にこの付近を奪還しなければならなかったときである。1944年6月6日のノルマンディ上陸作戦の印象が強いフランスでは忘れられがちであるが、アメリカ海軍は珊瑚海海戦やミッドウェー海戦、レイテ沖海戦、ガダルカナル島上陸、タラワの戦い、硫黄島の戦いと、作戦の大半を太平洋で行った。日本は広島への原爆によって太平洋への野心に終止符を打ったが、アメリカはそうではなく、1945年から日本の横須賀と佐世保の2か所に海軍基地を置いて存在感を強めていき、ソ連に対する牽制として大規模で機動力のある軍事手段を使えるようにした。1949年の毛沢東の国家主席就任、蒋介石の台湾への退却、朝鮮戦争、ベトナム戦争と、この地帯ではアメリカ海軍は何度も展開している。

　中国の野心に対抗するためアメリカ海軍は再編成を行い、基地を世界中に合理的に配置した。韓国と日本から一部撤退することが検討され、その代わりシンガポール、フィリピン、タイ、オーストラリアと協調して設備を強化した。オーストラリアはダーウィンに初のアメリカ軍基地を受け入れさえしている。マリアナ諸島のグアム島はインド洋のディエゴガルシア島と同様、アメリカ軍の複合的な基地になりそうだ。グアム島は戦略爆撃機や戦闘爆撃機の受け入れが可能なアメリカ空軍基地だけでなく、空母やミサイル搭載原子力潜水艦を迎えられる港や兵器庫も有し、沖縄に駐留する海兵隊の一部を引き受けて、同盟国日本の負担を軽減する使命も負っている。とはいえこうした外交的配慮を超えて、グアム島は極東全体の中で支配的

超大国アメリカ

ディエゴガルシア、2011年9月。攻撃型原子力潜水艦ダラス上のアメリカ海軍兵。

な地位を占め、アジアの北にも南にも軍を展開できる、選り抜きの前哨地を自任している。

今日ではアメリカ海軍の60％以上がこの地域に再配備されている。たとえば米軍所有のミサイル搭載原子力潜水艦14隻のうち8隻が太平洋とインド洋を航行しているのに対して、大西洋と北極圏は6隻である。いずれにせよヒラリー・クリントンの発言によれば、こうした再配備にかかわらず他国海軍との同盟を強化して、外交攻勢を組織することが必要である。

地球のある部分を地域的に管理できる代替部隊を求める動きも強まっている。アメリカ帝国はこの点でローマと気がかりな類似点がある。ローマ帝国も、経済負担がしだいに重くのしかかろうとも命令権(インペリウム)の重荷を引き受けようとした結果、広い統治領を前にして、弱小国の王や地方の同盟国、補助部隊に頼らざるをえなかった。そのため、ブリタニアのような周辺とみなした属州では軍団(レギオン)を縮小し、その代わりに戦略上重要と判断したゲルマニアとの国境に集中するという、同じようなプロセスを実行したのである。それはローマの支配を永続させるためであり、事実として

世界的な主役の時代——第2次世界大戦～現代

アメリカ軍の錨地（21世紀）

何世紀間もの貴重な猶予期間をローマに与えることになった。このテスト済みの方法は、出現しつつある海への野心を抑えるために同じように効果的なのだろうか。たしかに短期間ではそうかもしれないが、長期間となるとどうなのだろう。勝負の始まりだ。

日本の2隻の巡視船に挟まれた、中国の活動家を乗せた漁船、2012年8月15日、尖閣諸島付近。

中国、未来の海の女王か？

　2008年に開催された北京オリンピックの開会式は、15世紀の提督・鄭和の西方への遠征を表す様々なパフォーマンスを通じて、中国の海上における使命を演出する機会となった。中国にとって、これは自国の海の歴史を改めてスタートさせる手段であった。海岸線の長さ1万8000キロメートル、管轄海域300万平方キロメートルを有する中国は、数十年の退却期を終えて、新たな野心をあらわにしている。

世界的な主役の時代――第2次世界大戦〜現代

1949年の中国

大陸を選択

　1894年の鴨緑江作戦（日清戦争）での敗北が中国海軍の終わりを告げた。内戦による激動と日本との戦いで、この分野の野心はすべて断たれた。海の征服が再び現実的な課題として戻るのは、1949年10月1日の中華人民共和国の建国宣言によってである。中華人民共和国は陸の支配者ではあるが、蔣介石の国民党と対立していた。台湾や澎湖諸島、海南島、沿岸のごく近くにある37の小さな島々に退却した国民党員は、武器を置くどころか、こうした後方基地を使って再び権力を握ろうとした。とりわけ海南島は残虐な空襲のための拠点として使われた。

　ソヴィエトという兄貴分の技術援助を受けて、人民解放軍は形ばかりの海軍を編成した。1950年4月1日には5万人の兵士を海南島に上陸させたが、この島を奪い返すのに3週間かかり、再征服はそこまでとされた。司令官たちは大陸のほうで達成しなければならない別の目的があり、国民党が支配する沿岸の小島にはそれほど緊急性はなかったからである。人民解放軍は1950年11月にチベットに侵略する一方、インドシナのホー・チ・ミンと朝鮮の金日成には大規模な支援を送った。

　しかしこの選択は、毛沢東にとって戦略上の大失敗であった。1950年の蔣介石は支援者もなく孤独で信望も失っていたのだから、台湾を含め、国民党軍の拠点全体をそれほどの困難もなく奪い返すこともめざせたかもしれない。しかし「偉大なる舵取り」毛沢東はより大陸的な選択を優先して将来を賭け、アメリカを敵に回し

た。これ以降アメリカは牽制の意味で国民党と結ぶ決意をする。

結果はすぐに表れた。人民解放軍は1954年に大陳島から舟山に至る一連の拠点を奪うものの、馬祖島と金門島では失敗し、台湾には手をかけられなかった。しかも1959年からの中ソ対立で中国海軍は新たな兵器や交換部品を獲得できなくなり、軍の作戦レベルは激しく落ち込んだ。

この時期にはもっと広く「大陸派」と「海派」の対立が記された。海は大陸派にとっては国境であり、海派にとっては扉である。そして大陸派の認識が勝ち、中国は防衛陣地のようなもので、付近を守らねばならないのだと感じられた。この考えはわずかずつ変化し、まずシナ海に向けて準備がされる。

中国共産党の攻撃に備える国民党軍の兵器配備、金門島、1954年。

シナ海の争点

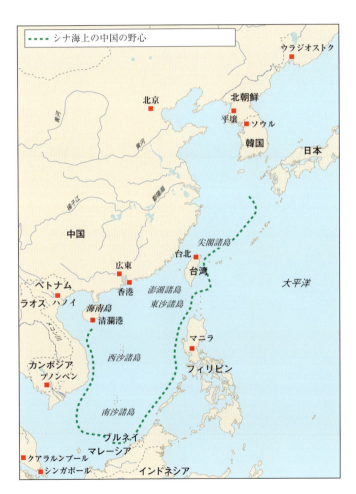

20世紀末の中国のシナ海への意欲

　周恩来は世界に目を向けて海上問題の争点を認識し、南ベトナムの混乱状態に乗じて1974年に西沙諸島を奪った。これに対して北ベトナムは自国の再統一のために専心していたため、異議をはさまなかった。この初めての大規模な陸海連合作戦は、海軍の進歩を示していた。もはや自国の沿岸にとどまらず、シナ海で展開することができたからである。その海では、鄧小平時代にも新たな野心が明らかになる。

　中国海軍はまず領海と隣接区域に関する1992年2月25日法の2条を通して、みずからの主張の枠組みを定義した。それは侮れないものであった。「中華人民共和国の陸地領土は、中国大陸部分と沿海の島々、台湾その他付属の島、釣魚島（尖閣諸島）、澎湖諸島、東沙諸島、西沙諸島、南沙諸島、その他中華人民共和国に属する島々を含む。中華人民共和国の内水は、領海の幅を計る基

線の陸地側の海である」

　この主張は南沙諸島を徐々に支配していくことによって具体化されていった。南沙諸島は180の小島や暗礁、海底の盛り上がりなどから成り、そのうち36だけが満潮時にも顔を出しているという諸島ではあるが、他国、とりわけベトナムも領有権を主張している。大部分は高度10メートル、面積1ヘクタールにも満たず、雨期には台風で洗われるため、自然の状態では人が住めない。中国は1988年にベトナムから奪った6つの小島をよりどころにして、1992年にはベトナムが主張するガベン礁を占領し、またフィリピン領とみなされる環礁の上に基礎杭を打って4つの建造物を建てた。さらに1995年1月には、フィリピンの海域内にあるミスチーフ礁を占拠した。中国は海南島南部の清瀾港から船を出して進出を続けたが、1996年春にはフィリピンが中国の一部施設を破壊している。

　南沙諸島はインド洋と東シナ海に向かう扉であり、中東の湾岸地帯と日本を結ぶ石油輸送船やインド洋から太平洋に出る戦艦の経由地でもあることから、戦略

中国海軍、2004年。

的にとくに重要な利点があるため、こうした攻撃的な政策も説明できる。しかし中国は確実に支配するのに適した、外洋に対して行うような方法はとらない。南沙諸島は中国領域ではもっとも近い海南島から1400キロ程度であるし、人民解放軍はこの距離で効果的に動ける海軍航空部隊をまだ保有していないからである。

外洋への進出

　このように中国が関心を寄せはじめただけになおのこと、今や外洋に目を向けるべきときである。大躍進政策時代の自給自足経済であれば必要なかったかもしれないが、グローバル経済では海を避けて通ることはできない。この依存関係を知ると、中国は過去に多くの国がそうであったのと同じように、海洋をこれまでとは違う目で見るようになったのである。

　中国海軍設立60周年で、呉勝利・海軍司令員は近代化計画を発表した。目的は「中国の経済発展と安全を守るため、必要に応じた海軍防衛システムを築く」ことにある。とくに力を入れるのは、行動範囲の広い新世代の戦艦や探知できない潜水艦、超音速戦闘機の実現と、正確で射程距離の長いミサイルや深海魚雷の開発、そして技術システムの最先端化である。

　中国海軍は総トン数では世界第3位を誇るが、古い船と新しい船が混在しているうえ、造船業はいまだにロシアを筆頭として外国依存度が非常に高く、技術の壁に

ぶち当たっている。中国には空母を建造する能力も意欲もあるという徐洪猛・東海艦隊司令員や、中国がこうした軍艦を所有しない唯一の大国であってはならないとする梁光烈・国防部部長の発言は、この種の軍艦に不可欠なものを考えると言葉どおりには受け取れない。こうした船にはとくに複雑な軍事システムの同期化が必要であり、短期間で制御するのはむずかしいからである。しかもロシアが自国の対艦攻撃用航空機Su-33をコピーされて以来、中国に一連の戦略手段の輸出を拒否しただけになおさらである。

　中国はロシアの空母ヴァリャーグ号を購入して「遼寧」と改名し、しばし時間稼ぎをしたあと、2011年8月に試験運航を行った。約20機を搭載できるこの空母はまずは練習用の空母として、この分野ではもっとも難しい着艦や離艦、作戦訓練のために利用された。この空母を出発点として「北京」と「毛沢東」の2隻が生まれる予定で、「北京」はすでに建造中である。原子力空母は、ソ連の空母ウリヤノフスクが1992年に解体された後に設計図を購入し、それに基づいて建造されるもので、これも可能な範囲である。その間に「遼寧」は中国が忍耐強く築いた一連の中継地を利用して、「真珠の首飾り」に沿った自国の供給ルートの防衛作戦をはじめることができるだろう。戦略型潜水艦の基地でありロケット発射場である海南島とパキスタンのグワダル港を結ぶ一連の拠点を保有するのは、「世界の工場」中国にとって石油（3分の2が中東から）や原材料（主にアフリカ）が不可欠なものだからである。経由地となるのは、西沙諸島、ミャンマーのシェトウェ、バングラデシ

中国、未来の海の女王か？

21世紀の中国の戦略目標

ュのチッタゴン、モルディヴのマラオ、スリランカのハンバントタである。このようにはりめぐらされた一連の中継地から、2008年12月26日に中国は3隻の戦艦、2隻の駆逐艦、1隻の物資補給艦を、海賊対策の護衛艦隊としてソマリア沖に派遣することができた。これは、大国として海への大いなる野心を誇示しようという意図を証明している。歩みはまだ長いが、意思はまちがいなく存在する。その点で、隣の大国インドも同様である。

イスタンブールを前にした空母ヴァリャーグ（後の遼寧）、2001年。

インド、インド洋征服へ

　植民地後のかびくさい時代をへたインドは、長い間同族の敵パキスタンとの対立を視野に置いて、海軍の戦略目標を定めてきた。パキスタンだけでなく中国とも大陸上で対立する危険があることから、インド軍は海軍よりも空軍と陸軍を優先してきた。新たな野心が生まれ、インド版「モンロー主義」が沖合に向かったのは、ごく最近のことである。

植民地の遺産

　インド軍の幹部はそれまでイギリス人士官がつとめていたが、重要な使命を帯びた初めての作戦を行うため、1961年にはインド当局が任命した。実際、インド海軍初の空母ヴィクラント（旧ハーキュリーズ）が要となる役割を果たしてゴアを封鎖し、古くからあるポルトガルの商館を奪回したのである。ポルトガルの護衛艦は沈められ、その後マヌエル1世幸運王の首都であった町ゴアは、ディウとダマンとともにインドの手に落ちた。

　防衛努力の大部分は、しかしパキスタンや中国との対決のために陸地のほうに向いていた。事実として1962年には中国の侵攻を受けて、カシミール地方のごく一部を奪われている。海軍は所有する兵力は乏しく見えるが、レベルアップしたいときにはソ連との同盟を利用することができた。ソ連のほうは、インド海軍への協力と引き換えに、ヴィシャーカパトナムの軍港に寄港できる可能性を考えていた。

　インドの領土分割はイギリス植民地時代の遺産であるが、これによって敵対するインドとパキスタンの間では新たな国境紛争が何度も生じた。カシミール地方だけでなく、1971年の東ベンガル解放運動も思い出される。これについては、隣国パキスタンを弱体化させる機会と見たインドが積極的に支援した。このときにはインド海軍による封鎖がとくに効果をあげ、駆逐艦1隻を含むパキスタン海軍の船3隻と複数の貨物船が屈服した。インドのほうは、フリゲート艦のうちの1隻が潜水艦

インド、インド洋征服へ

フリゲート艦ベトワと空母ヴィラート、ボンベイ、2007年3月。

によって撃沈された。

この失敗でインド当局は潜水艦部隊を強化する必要性を確信し、1980年代に4隻の潜水艦とイギリスの空母ハーミーズを獲得、ハーミーズはヴィラートと改名された。かつて空母ヴィクラントから飛び立った航空機が、ベンガル湾を臨むコックスバザールとチッタゴンの施設を空襲した経験から、参謀部は海空戦略を固めていたのである。

インド化した「モンロー主義」

インド海軍は、インド版モンロー主義がしだいに表立って行くのに呼応して、その力を増している。インド版モンロー主義はインド洋を自国の裏庭のようにみなす傾向があり、インド洋をますます干渉主義の舞台にしている。1987年以降、インドはスリランカに何度か部隊を派遣した。それはジャフナから自国民を退去させるためであり、またスリランカの漁船を武装組織タミル・イーラム解放のトラから守るためであり、さらに内乱状態のタミル地方の封鎖を組織するためであったが、

1989年から1990年の間に大した成果もないまま撤退した。モルディヴもインドの支配欲から逃れられず、1988年に傭兵部隊によるクーデター事件が起こった際にアブドル・ガユーム大統領がインドに助けを求めたことをきっかけに、インドは陸軍と空軍の便宜を得ている。インド海軍は同時にシナ海でも活発な軍艦外交を展開し、1982年にはフリゲート艦2隻と潜水艦1隻をベトナムに周航させた。

　1990年代には国が予算的な制限を強いられたことから、この活力に歯止めがかかった。インド海軍が再び野心の高まりを示すのは、90年代の末になってからである。初の国産空母である新ヴィクラントは2009年2月28日に起工され、2014年か15年に完成することが期待される。その姉妹艦であるヴィシャルもあとに続く予定だ。同時に2013年末にはヴィクラマーディティヤ（旧アドミラル・ゴルシコフ）がロシアから引き渡された。

　インドはまた潜水艦部隊も強化しており、近代化を進めていた1986年から2000年の間にロシアからキロ級潜水艦10隻を購入、さらに近年フランスのスコルペン級潜水艦6隻をこれに加えた。もっと重要なこととして、インドは2009年に初の国産原子力潜水艦アリハントを進水させ、国連安全保障理事会常任理事国5か国に限られていたこの種の船の保有国の仲間入りをした。

　しかしこうした目覚ましい進歩にブレーキをかけうるものとして、欠けている要素がいくつかある。第一に、海軍の拡張に不可欠なロジスティクスである。兵器運用システムに関しては、信頼性の問題が繰り返し生じ、より総合的なエレクトロニ

クス環境や情報環境を必要とする海軍の基盤部分が定期的に麻痺している。最後の無視できない課題は、人的資源競争に勝つこと、すなわち民間分野でも激しい競争がある中で、非常に能力の高い人々を惹きつけることができるかである。

　とはいえ、このように力を注いでいることから海に対するインドの野心は明らかである。その野心は海が有する経済的、すなわち戦略的な潜在価値の高まりに呼応している。

大海へ

　目を見張るほどの経済発展によって、インドは初代首相ネルーが唱えた自給自足体制とはほど遠いほど、外国への依存度を高めている。EUとの通商路である紅海とスエズ運河へのアクセスと同様、ペルシア湾の石油とガスは不可欠なものになった。そのうえインドはアフリカとの伝統的な通商を再開した。今から2000年以上前に綿花を銀やトパーズと取引していたグジャラートの商人に代わって、現在ではタタ・グループやミッタルが、世界的に広がった強力なネットワークを基盤に活動している。貿易が目覚ましく拡大している証拠として、2008年に第1回インド・アフリカフォーラム・サミットがニューデリーで開催された。これはインドが遠洋海運力を発展させて、アフリカ沿岸からマラッカ海峡に至るまで乗り出す方針であることを示している。そのためインドはその地域のさまざまなミクロ国家との関係

世界的な主役の時代——第2次世界大戦〜現代

21世紀のインドの戦略目標

を強め、モルディヴやセーシェル、モーリシャスにひそかに軍備品を送っている。モーリシャスは人口の大半がインド系であることからもっとも関係が密接で、アガレガに海軍施設を設置することを許可している。このようにインド洋を計画的に占有するのは、インド洋の出入り口に自国の勢力を広げたいからである。たとえばマダガスカルのレーダー基地やモザンビークとの防衛協定のおかげで、インド海軍はモザンビーク海峡をパトロールすることができる。また、マラッカ海峡の入口に位置するアンダマン・ニコバル諸島には、極東を管轄する海軍司令部を置いている。インドはもうひとつの戦略拠点であるペルシア湾にも目を向け、オマーンと防衛協定を、カタールと安全保障協定を結んで、1999年から海軍を展開している。

バブ・エル・マンデブ海峡の海賊対策作戦に参加したことは、ヨーロッパやアフリカへ向かう自国の通商ルートの安全を守りつつ、この地域で存在感を示すもうひとつの方法であった。インドはアフリカでは中国と同じ市場を狙っているのである。こうしたことからインド洋は、アメリカ、中国、インドという今後数十年の三大勢力が集まる、重要な戦略上の合流点になっている。

2011年4月、太平洋での米印演習作戦

まとめ

　このように過去や未来の大海上帝国を概観してみると、幾つかの普遍的要素が明らかになる。海洋を支配するということは、まず第一にもっとも利益のあがる通商網や戦略上のネットワークを独占する可能性を得るということである。金の流通経路を支配しようとしたジェノヴァの意欲は、大陸間の海底ケーブルネットワークの中心にいる現在のアメリカのそれと同じである。データセンターやクラウドコンピュータの時代に、大西洋横断ケーブルと、とりわけ太平洋横断ケーブルのほぼすべてがワシントンに向かって集中している…。もうひとつ確認できるのは、商品の自由な流通を確保する必要性である。海の自由はローマやビザンティン帝国に小麦を供給するために重要だったのと同じように、現代では石油・天然ガス供給のためにきわめて重要である。

アラビア海でのアメリカのニミッツ級航空母艦ジョン・C・ステニス

まとめ

こうした状況であればこそ、断絶はいっそう際立つ。交易のグローバル化は、われわれの社会がかつてないほど海に依存する原因にもなった。現代の経済はたがいに非常に密接にからみあっているため、供給網の軸のひとつがわずかでも遮断されると、その分野全体が麻痺する可能性がある。その理由は、生産モデルが新たな構造をとり、工場を世界中から運ばれた原料や加工材を集める場に変えたことにある。地域内、大きくても一国内で製造が行なわれた総合的モデルの時代に代わって、現代は世界的レベルの下請けの時代である。このシステムはコストを抑える面からは有効であるが、結果として荷積みがわずかに途切れるだけでも生産サイクル全体を混乱させることになる。こうした状況においては、海上通商路を常に開かれた状態に保つことが不可欠である。

もうひとつ新しいのは、海洋の開拓についてである。長い間、海の資源は漁業によるものだけとみなされていたが、いまや海は新たなエルドラドの様相を呈している。現在は広大な海底のごく一部しか開拓されていないだけに、これはますます有望である。海底の石油やガスは前例がないほど開発されているが、開拓資源はこれだけではない。たとえば海底に含まれる「レアアース」の量は、地表の1億2000万トンに対して900億トンにのぼる。現在中国が独占しているこれら17元素は、半導体から防衛産業、電話通信、再生可能エネルギーにいたるまでの先端技術にとって不可欠な化学的・電磁気的特性をもっている。

遺伝子工学も遅れをとってはいない。バイオテクノロジーの篩にかけられた海の

動物相と植物相は、医療や美容の分野で使われる道を見出した。数千の物質がこうして列挙され、そのうち半分ががん治療のために使われる。陸上生物よりも水中生物のほうがゲノムが多様であることから、可能性の場はかぎりなく広い。

　最後に、海の最新資源のひとつとしてエネルギー生産があげられる。洋上風力発電はもちろんのこと、潮力発電については、ながらく世界唯一であったフランスのランス潮力発電所が象徴している。海流の力を電力に変える発電や、海面と海底の温度差を利用する海洋温度差発電、海水と淡水を半透膜で分離する浸透圧発電（淡水は電流を発生させながら自然に海水のほうに移動する）、波力発電（波のエネルギー）は、いずれも将来を約束された分野である。

　こうした展望は、海はもはやたんなる媒体ではなく資源であり、未来を守るために独占すべきものとみなされていることを示している。陸地の原料が不足することは確実であるため、現在と未来の強国は新たな「グレート・ゲーム」に入っている。また、潜水艦装備競争もこれによって説明がつく。中国は潜水艇・蛟龍号を通して深海探査能力を高め、2010年夏には水深3759メートルに達した。フランスのノーティル号の5000メートルにも近づいたこの記録的な潜水の際に、中国はシナ海の周辺諸国と争っている海域から遠くない海底に中国国旗を立てている。

　こうした状況下においては、国連海洋法条約に基づく境界画定は新たな争点となる。水域面積で世界2位を誇るフランスのようないくつかの国は恩恵をこうむるが、中国のように周囲が閉じ込められた国はそうではない。こうしたさまざまな状況は

イソギンチャクの群体

まとめ

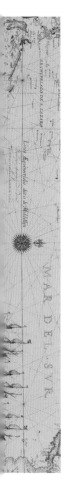

地理と歴史によって説明できるが、だからといって各国が是非はともかく将来の糧として海洋資源を手中におさめようとしている現在の状況を和らげることは難しい。こうした中で、海は「ニューフロンティア」として現れる。そこでは将来の緊張関係や対立の構図が、そして当然ながら来たるべき海上帝国の地図が描かれるのである。

謝辞

　わたしはとくに一流の地図製作者であるアラン・ノエル氏とパトリック・ゴウ氏に感謝の意を表したい。お2人がいなかったら、本書は生まれなかったであろう。陰ながら力になってくださったゴンザグ・エジエ氏も忘れてはならない。そして活発な女性活動家ブランディーヌ・ジャントン氏をとくにあげておきたい。氏がいなければ、本書はこれほど美しい形で実現しなかったであろう。

図版出典

p. 8 Bibliothèque nationale de France ; **p. 16** Bardo National Museum, Tunis ; **p. 25** musée archéologique d'Athènes ; **p. 30** British Museum ; **p. 34** British Museum ; **p. 37** The Grolier Society Publisher, Londres ; **p. 42** Deutsches Museum, Munich ; **p. 55** musée Calvet, Avignon, photo JPS68 ; **p. 57** dessin Jukka M. Heikkilä ; **p. 61** musée archéologique de Naples ; **p. 64** musée archéologique d'Istanbul ; **p. 66** Bibliothèque nationale de France. ; **p. 68** Bibliothèque nationale de Madrid ; **p. 74** photo Jean-Pierre Dalbera ; **p.76-77** dessin de Ningyou ; **p. 88** Bibliothèque nationale de Madrid ; **p. 90** Bibliothèque nationale de France. ; **p. 107** Bibliothèque nationale de France. ; **p. 108** Walters Art Museum ; **p. 130** Honkoo-ji Tokiwa Museum of Historical Materials, Shimabara, Nagasaki ; **p. 136** Tokyo National Museum ; **p. 143** Tokyo National Museum ; **p. 150** Bibliothèque nationale de France. ; **p. 156** Gare de São Bento, Porto, photo Nuno Tavares ; **p. 164** Académie des Sciences de Lisbonne ; **p. 167** Bibliothèque Estense, Modène ; **p. 172** National Maritime Museum, Greenwich ; **p. 177** Palais national de Mexico ; **p. 183** Stadsarchief, Amsterdam ; **p. 184** Rijksmuseum, Amsterdam ; **p. 185** Rijksmuseum, Amsterdam ; **p. 188** Frans Hals Museum, Haarlem ; **p. 194** Del Kongelige Bibliotek ; **p. 196** National Maritime Museum, Greenwich ; **p. 206** Bibliothèque nationale de France. ;

p. 208 Bibliothèque nationale de France.; **p. 213** Musée de la Compagnie des Indes, Lorient; **p. 225** Photo de Walther Dobbertin, Bundesarchiv; **p. 235** Librairie du Congrès, Washington; **p. 245** Ivan Aivazovsky Museum, Theodosie; **p. 248** Archives des navires russes et soviétiques; **p. 254** Photo US Navy / Mass Communication Specialist 3rd Class Christine Walker-Singh; **p. 261** Photo US Navy / Mass Communication Specialist 2nd Class Elizabeth Fray; **p. 264** AP Photo / Yomiuri Shimbun, Masataka Morita; **p. 268** Photo Fernand Gigon / Three Lions / Getty Images; **p. 270** Photo US Navy; **p. 274** Photo US Navy; **p. 277** Photo MiChael Scalet; **p. 281** StocktrekImages / Getty Images; **p. 282** Photo US Navy / Yeoman 3rd Class James Stahl; **p. 284-285** Photo Nhobgood.

◆著者略歴
シリル・P・クタンセ（Cyrille P. Coutansais）
　フランス海軍参謀本部法律顧問であり、海上問題や地政学的問題の専門家である。近年の著書に、『海洋の地政学』がある。

◆監修者略歴
樺山紘一（かばやま・こういち）
　1941年、東京生まれ。印刷博物館館長、東京大学名誉教授。東京大学大学院修士課程修了後、京都大学人文科学研究所助手、東京大学文学部助教授、同教授、国立西洋美術館長を歴任。2005年から現職。専門は、西洋中世史、西洋文化史。おもな著作は、『ルネサンス周航』、『カタロニアへの眼』、『西洋学事始』、『異郷の発見』、『ルネサンスと地中海』、『歴史の歴史』、『描かれたオランダ黄金世紀』など。

◆訳者略歴
大塚宏子（おおつか・ひろこ）
　学習院大学文学部フランス文学科卒業。翻訳家。訳書に、マルタン・モネスティエ『図説死刑全書完全版』（共訳）『図説自殺全書』、ジャック・アタリ『図説「愛」の歴史』、イヴ・ラコスト『ヴィジュアル版ラルース地図で見る国際関係』、ジャン・フェクサス『図説尻叩きの文化史』、ディアーヌ・デュクレ『五人の権力者と女たち』（いずれも原書房）などがある。

Cyrille P. COUTANSAIS: "ATLAS DES EMPIRES MARITIMES"
© CNRS EDITIONS 2013
This book is published in Japan by arrangement with CNRS EDITIONS,
through le Bureau des Copyrights Français, Tokyo.

ヴィジュアル版
海から見た世界史
海洋国家の地政学

●

2016年2月25日　第1刷

著者………シリル・P・クタンセ
日本語版監修………樺山紘一
訳者………大塚宏子
装幀………川島進デザイン室
本文組版・印刷………株式会社ディグ
カバー印刷………株式会社明光社印刷所
製本………小高製本工業株式会社

発行者………成瀬雅人
発行所………株式会社原書房
〒160-0022　東京都新宿区新宿1-25-13
電話・代表03（3354）0685
http://www.harashobo.co.jp
振替・00150-6-151594
ISBN978-4-562-05286-8

©Harashobo 2016, Printed in Japan